山西全方位推动高质量发展面对面

通俗理论读物系列丛书

产业升级转型发展

中共山西省委宣传部 编

山西出版传媒集团 山西人民出版社

图书在版编目（CIP）数据

产业升级　转型发展 / 中共山西省委宣传部编.
—太原：山西人民出版社，2022.8
（山西全方位推动高质量发展面对面通俗理论读物系列丛书）
ISBN 978-7-203-12341-5

Ⅰ.①产…　Ⅱ.①中…　Ⅲ.①产业结构升级—研究—山西　Ⅳ.①F269.24

中国版本图书馆CIP数据核字（2022）第122003号

产业升级　转型发展

编　　者：中共山西省委宣传部
责任编辑：蔡咏卉
复　　审：傅晓红
终　　审：武　静
装帧设计：张镤尹

出 版 者：山西出版传媒集团·山西人民出版社
地　　址：太原市建设南路21号
邮　　编：030012
发行营销：0351—4922220　4955996　4956039　4922127（传真）
天猫官网：https://sxrmcbs.tmall.com　电话：0351—4922159
E-mail：sxskcb@163.com　发行部
sxskcb@126.com　总编室
网　　址：www.sxskcb.com

经 销 者：山西出版传媒集团·山西人民出版社
承 印 厂：山西出版传媒集团·山西人民印刷有限责任公司

开　　本：720mm×1020mm　1/16
印　　张：14
字　　数：180千字
版　　次：2022年8月　第1版
印　　次：2022年8月　第1次印刷
书　　号：ISBN 978-7-203-12341-5
定　　价：63.00元

山西全方位推动高质量发展面对面

通俗理论读物系列丛书

编委会

序 言

今年春节前夕，习近平总书记五年来第三次亲临山西考察指导，带来了党中央对老区人民的深切关怀，体现了党中央对山西工作的坚定支持。特别是习近平总书记勉励我们“在高质量发展上不断取得新突破”，“续写山西践行新时代中国特色社会主义新篇章”，更加坚定了我们全方位推动高质量发展的信心和决心。

去年召开的中国共产党山西省第十二次代表大会，是在我们实现全面建成小康社会第一个百年奋斗目标，向着全面建成社会主义现代化强国第二个百年奋斗目标迈进的关键时刻，召开的一次十分重要的会议。大会最重要的成果，就是学习贯彻习近平总书记关于“三新一高”的重要论述，鲜明提出了“全方位推动高质量发展”的目标要求，实现了省委工作思路的继承发展和创新提升。

省第十二次党代会以来，全省上下坚持以习近平新时代中国特色社会主义思想为指导，按照全方位推动高质量发展的目标要求，加快构筑“六个领域”“三个体系”全面贯通、深度协同的工作矩阵，解放思想、实事求是、真抓实干、久久为功，开创了山西工作新的局面。我们统筹抓好经济社会发展和疫情防控，落实“六稳”“六保”

政策，狠抓“三个一批”活动，2021年GDP总量跨过2万亿大关，增速排全国第三，2022年上半年增速上升为全国第二。2022年上半年，原煤产量达到6.4亿吨，占全国的29.2%，排在全国第一位，在能源保供中彰显了山西担当。我们协同推进产业转型“两个方面”，煤炭、电力、钢铁、焦化、建材等传统优势产业加快改造提升，高端装备制造、新材料、大数据、节能环保等战略性新兴产业不断发展壮大。我们积极构建“一群两区三圈”城乡区域发展新布局，太忻一体化经济区建设强势起步，与转型综改示范区形成“双引擎”。我们坚定不移深化改革开放创新，“承诺制+标准地+全代办”等改革扎实推进，营商环境不断优化，10个项目荣获国家科学技术奖，内陆地区对外开放新高地加快构筑。我们充分挖掘历史文化资源，推动中华优秀传统文化创造性转化、创新性发展，以更高站位和更大力度加强文物保护，文化强省建设步伐不断加快。我们全力保障和改善民生，有效应对汾河流域最强秋汛，扎实做好巩固拓展脱贫攻坚成果同乡村振兴有效衔接各项工作，突出抓好农民工务工就业等重点民生工作，进一步增强了全省人民的获得感幸福感安全感。我们坚持山水林田湖草沙系统治理，PM2.5浓度持续下降，汾河流域国考断面提升至Ⅳ类以上，美丽山西正在全新呈现。我们坚持严的主基调不动摇，坚定扛起管党治党主体责任，巩固拓展党史学习教育成果，开展抓党建促基层治理能力提升专项行动，一体推进“三不腐”同时发力、同向发力、综合发力，全面建设清廉山西，推动政治生态迈向持久的风清气正。

今天的三晋大地，全方位推动高质量发展已经蔚然成势，成为山西最鲜明的主题、最激扬的旋律。实践充分证明，省委关于全方位推动高质量发展的决策部署是完全正确的、是富有成效的。

为了全面展示我省全方位推动高质量发展取得的明显成效，深入阐释党中央及省委的决策部署，更好激励全省上下奋进新征程、建功新时代，根据省委安排，省委宣传部牵头编撰了《山西全方位推动高质量发展面对面》通俗理论读物系列丛书。这套丛书包括《提质进位 再谱新篇》《产业升级 转型发展》《区域新局 改革新举》《双碳引领 绿色发展》《民生所系 实事实办》和《地市竞秀 百舸争流》等6册，涵盖了全省经济、政治、文化、社会、生态、党建等各个领域各个方面，既反映中央大政方针，又解读省委重大部署，还关注基层生动实践；既深刻阐释新出台的政策制度，又深度挖掘各地涌现出的典型案例，还深入回答群众关心关注的热点问题。丛书图文并茂、深入浅出、通俗易懂，具有很强的理论性、知识性、政策性和实践性，是我省基层干部学习掌握最新政策的工具书，是专家学者研究阐释山西实践的资料库，是广大群众关注感受发展成就的展示窗，是对外讲深讲实山西故事的金名片，也是纪录省委团结带领山西人民全方位推动高质量发展的档案簿。要运用好这套丛书，进一步激励全省党员干部群众踔厉奋发、笃行不怠，不断绘就全方位推动高质量发展的新画卷。

当前，全方位推动高质量发展风帆正劲。全省上下要深入学习贯彻习近平总书记考察调研山西重要指示精神，深刻认识“两个确立”的决定性意义，增强“四个意识”、坚定“四个自信”、做到“两个维护”，以“时时放心不下”的责任感，统筹抓好防疫情、稳经济、保安全三大任务，不断开创全方位推动高质量发展新局面，以实际行动迎接党的二十大胜利召开，续写山西践行新时代中国特色社会主义新篇章！

是为序。

中共山西省委书记 林武

2022年7月

CONTENTS 目录

第一章

老树逢春发新枝

——如何推动传统优势产业率先转型，实现内涵集约发展？

山西是煤炭资源大省，一家三代都是煤矿工人的家庭并不少见。88岁老人刘树宰家祖孙三代都是矿工。刘树宰老人采煤主要靠炸药、洋镐，在不到一米高的工作面肩挑背扛；儿子刘宏明已经实现了综合机械化采煤；如今，孙子刘华成采煤只需坐在宽敞明亮的监控中心，按下一键启停按钮，没有机械轰鸣，没有煤尘飞扬，就将煤炭源源不断输送到了地面。2021年，山西煤炭先进产能占比突破75%，智能、绿色、安全已经成为山西煤炭行业新的关键词。

老树逢春发新芽，叶茂根深气自华。习近平总书记指出，传统产业是经济的基础，现在仍有很大的发展潜力和空间，需要继续促进其发展。山西煤炭工业的发展变迁，是山西传统优势产业转型升级的一个缩影。以煤炭、电力、钢铁、有色、焦化、化工、建材、装备制造等为代表的传统优势产业，是山西稳定经济的压舱石，是几代人积累的家底，必须倍加珍惜。在全方位推动高质量发展中，山西着力推动传统优势产业内涵集约发展，在转型升级、提质增效的基础上，培育新的经济增长点，不断增强高质量发展动能。

一、筑牢发展根基，推动传统优势产业率先转型

产业稳，则经济稳；产业转型快，则经济转型快。推动传统优势产业转型升级是加快转变经济发展方式的战略选择，是推进新旧动能转换接续的关键所在，是实现山西高质量发展的内在要求。山西要持续做强做大传统优势产业，推动煤炭、钢铁、有色、焦化、化工、建材等产业向碳基新材料、特种金属材料、新型铝镁合金、化工新材料、绿色建材等方向延伸；推动传统装备制造业向高端基础零部件、大型装备、工业母机等方向加快升级；推动煤炭产业绿色安全开采和清洁高效深度利用，提高电力产业节能降耗技术改造，积极发展新能源和清洁能源，不断延伸产业链、供应链、创新链，实现内涵集约发展。

传统优势产业是山西赶超发展的厚实家底

山西传统产业家底厚实，形成了以煤炭、电力、钢铁、有色、焦化、化工、建材、装备制造等为代表的传统优势产业，成为全方位推动高质量发展的重要基础。2021年，山西经济总量首次迈上两万亿新台阶，

实现新跨越。其中，第二产业增加值为11213.13亿元，增长10.2%。工业生产增势良好，在规模以上工业中，采矿业增长10.8%，制造业增长17.5%，带动作用明显。全省规模以上工业企业实现营业收入32396.2亿元，比上年增长49.3%。从产业规模、经济贡献看，传统优势产业依然是山西工业经济的主体，是山西工业的基础、优势和现实的生产力，呈现出资源与工业基础雄厚、市场规模空间巨大、创新创业需求活跃、龙头企业技术优势明显等态势，对整个工业部门乃至地区经济社会发展依然发挥着基础性、主导性作用。

2021年山西省规模以上工业营业收入、利润及其增长速度

指标	绝对数（亿元）	比上年增长（%）
营业收入	32396.2	49.3
其中：采矿业	13588.4	76.2
制造业	15814.8	39.0
电力、热力、燃气及水生产和供应业	2993.0	14.6
利润总额	2949.9	200.0

资料来源：《山西省2021年国民经济和社会发展统计公报》。

山西煤炭资源丰富，含煤面积约占全省总面积的40%，探明储量约占全国的1/3，煤种全、煤质优。经过多年发展，山西煤炭年产能达到13.6亿吨，先进产能占比超过75%，发电总装机容量达到11591万千瓦。中华人民共和国成立以来，山西煤炭产量累计达225亿吨，外调出省煤炭150亿吨左右，净输出电量1.47万亿千瓦时，为保障国家能源安全、支援国家现代化建设作出了重大贡献。

2021年，面对部分地区能源供应阶段性紧张，山西强化能源大省的使命担当，全力以赴做好能源供应保障。2021年下半年，全省每月煤炭产量均在1亿吨以上，全年煤炭产量11.93亿吨，增长10.5%。以长协价向16个省（区、市）发送电煤4356万吨，圆满完成国家下达的保供任务。全力稳定和扩大电力外送，向11个省市外送电1235亿千瓦时，重点对接京津冀地区，保障首都用电安全。2022年上半年，原煤产量达到6.4亿吨，占全国的29.2%，排在全国第一位。山西以实际行动扛起了使命担当，展现了忠诚奉献，为缓解全国能源阶段性紧张作出了山西贡献。

传统优势产业具有稳定经济压舱石作用

山西传统产业多依托自身能源资源优势、原材料优势、国企比较优势、政策叠加优势、区位优势等发展形成，不仅具有较强的比较优势，还具有独特的竞争优势，是全方位推动高质量发展、实现共同富裕的重要基础。

特别是近年来，我国外部环境发生重大变化，风险

·知识链接·

六稳：稳就业、稳金融、稳外贸、稳外资、稳投资、稳预期。

六保：保居民就业、保基本民生、保市场主体、保粮食能源安全、保产业链供应链稳定、保基层运转。

和挑战增多，受新冠肺炎疫情影响，相较于服务业，传统优势产业多具有缓冲周期长、抗波动能力强等特征，这使得其在稳住工业基本盘、推动制造业产业链升级、促进经济再平衡中能起到稳定器作用。2021年，山西工业企业利润大幅增长，进而带动财政收入较快增长，规模首次突破2800亿元，为全方位推动高质量发展提供了有力资金支撑，传统优势产业的压舱石作用愈发凸显。

传统优势产业率先转型支撑山西高质量发展

传统产业并非夕阳产业，转型升级后依旧前景无限。只要转成了、转好了、转到位了，必将释放出巨大乘数效应，提升整个区域经济的核心竞争力。当前，山西正处于全方位推动高质量发展的窗口期、关键期。经过长期奋斗积累，山西传统优势产业具备了率先转型的基本条件和能力，有基础、有能力、有条件实现更高质量、更高效率、更具有区域特色的快速发展，进而为构建支撑高质量发展的现代产业体系奠定坚实基础。

·特别关注·

山西省五项亮点工作获国务院督查激励

2022年6月9日，国务院办公厅发布通报，经国务院同意，对2021年落实重大政策措施真抓实干成效明显地方予以督查激励。山西五项工作榜上有名。

运城市在深化“放管服”改革优化营商环境工作中，推进企业登记注册便利化、深化“双随机、一公开”监管和信用监管、落实公平竞争审查制度等深化商事制度改革成效明显，受到督查激励。2022年，运城市将被优先选择为企业登记注册便利化改革、企业年度报告制度改革、企业信用监管、智慧监管、重点领域监管、公平竞争审查等试点地区，优先授予外商投资企业登记注册权限，优先支持创建网络市场监管与服务示范区，优先支持建设公益广告创新研究基地。

忻州市易地扶贫搬迁后续扶持工作成效明显，受到督查激励。2022年对忻州市将进一步加大后续扶持政策支持力度，在安排以工代赈资金时予以倾斜支持。

长治市老工业基地调整改造力度大，支持传统产业改造、推进产业转型升级等工作成效突出，受到督查激励。2022年，对长治市优先支持在老工业基地振兴有关重大改革和重大政策方面先行先试，优先支持建设国家创新型产业集群和新型工业化产业示范基地，在安排产业转型升级示范区和重点园区建设中央预算内投资时各激励2500万元。

长治市环境治理工程项目推进快，重点区域大气、重点流域水环境质量改善明显，受到督查激励。2022年，在安排中央财政大气、水污染防治资金时，对长治市予以适当激励。

长治市屯留区高度重视重大决策部署督查落实工作，在创新优化督查落实方式方法、推动地区经济社会发展等方面成效明显，受到督查激励。2022年，在国务院办公厅组织开展的国务院大督查及专项督查中，对长治市屯留区予以“免督查”。

二、厚植发展优势，激发传统优势产业生机活力

·知识链接·

两线：传统优势产业要对标“生存线”“发展线”，推动投入产出比、劳动生产率和能效等指标超过全国平均水平、迈向先进水平。

双控：能源消费强度、总量双控。

两化、两链：战略性新兴产业要按照集群化规模化发展方向，聚焦产业链和创新链深度融合，不断提升核心竞争力。

山西省第十二次党代会明确提出，全方位推动高质量发展，首要任务是经济高质量发展，重中之重是产业转型。2021年，围绕增强传统优势产业生存力、发展力，山西积极推动基础产业转型升级，研究确定了重点传统优势产业的“生存线”“发展线”标准，推动钢铁、焦化等9个传统产业对标“两线”实施技术改造。深入推动“5G+工业互联网”融合应用，加快智能煤矿和智能采掘工作面建设，打造数字工厂和智能化车间。推进钢铁、化工、焦化、有色、建材等行业能耗双控专项计划落地落实，推动传统优势产业发展模式由外延粗放向内涵集约转变。

煤炭产业转型升级卓有成效

煤炭产业是山西的支柱产业。山西以实施碳达峰山西行动为牵引举措，用非常之力、下恒久之功，奋力

推动煤炭产业含金量、含新量、含绿量大幅提升。

煤矿智能化稳步推进。首批10座智能化示范建设煤矿全部建成，1000处智能化采掘工作面全部启动建设，328处建成运行。全省21座煤矿实现5G入井，智能化建设场景应用和成效不断拓展。在全国牵头成立“5G智慧矿山联盟”。与华为公司共建“智能矿山创新实验室”，成立全国煤炭行业首个科研创新人工智能计算中心。

煤炭绿色开采进展顺利。出台《全省煤炭绿色开采指导意见》，重点推进40座煤矿绿色开采试点，20座已投产。确定25座试点煤矿开展井下矸石智能分选和不可

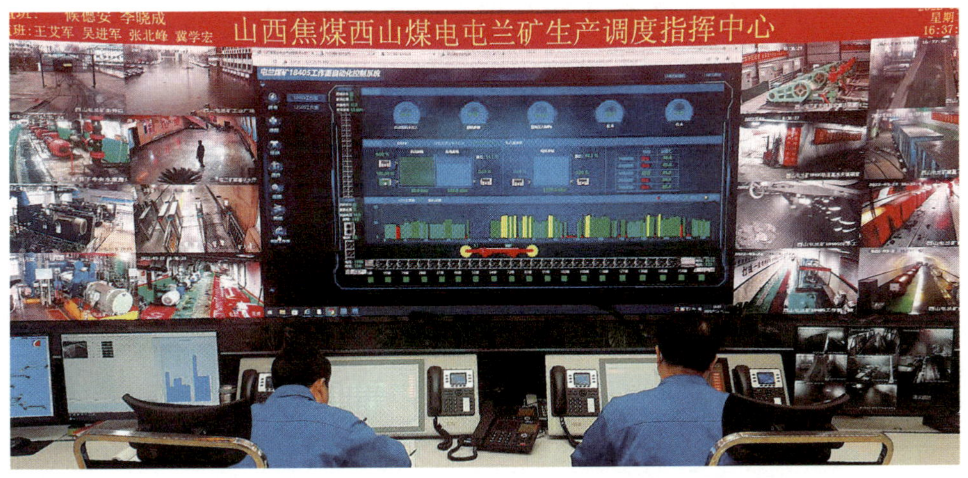

数智赋能，安全高效。山西焦煤西山煤电屯兰矿生产调度指挥中心的工作人员正在紧张工作。

利用矸石返井建设，已开工8座。对国家核准的13座煤矿建设手续实行“清单式”办理，7座已开工建设，得到国家通报表扬。

煤炭安全生产稳定向好。坚持人民至上、生命至上，全面统筹抓好发展和安全两件大事。2021年全省煤矿百万吨死亡率为0.009，同比下降60.43%，安全生产创历史最好水平，位居全国前列。全年全省规模以上原煤产量11.9亿吨，增长10.5%。实现了安全发展、高质量发展。

煤炭利用更加清洁高效。2021年启动煤炭分质分级梯级利用试点工作，以低阶煤中低温热解转化为抓手、产物分质分级梯级利用为方向、绿色环保节能高效为重点，促进资源清洁利用和能量梯级利用，推动煤化电热一体化发展。积极推进现代煤化工高端示范和传统煤化工优化升级，努力走出一条具有山西特色的煤炭清洁高效利用绿色发展新路。

电力产业结构更优动力更足

山西坚持高质量发展，以科技创新为支撑，以“双碳”目标为引领，有效促进电力产业清洁高效发展，在深化智能化绿色化转型上迈上新台阶。

推进煤电机组“三改联动”。大力推动煤电机组节能降碳改造、灵活性改造、供热改造“三改联动”，发展大容量、高参数先进煤电机组，实现基础性和系统调节性电源并重。2021年，全省完成16台441万千瓦煤电机组节能改造，关停淘汰10台28万千瓦煤电机组，完成电力升级改造841万千瓦。

推进新能源电力有序开发。2021年，山西新能源和可再生能源装机占比达到34.3%。风光发电新增并网规模204万千瓦，列入年度建设规模2000万千瓦；推动整县屋顶分布式光伏开发，26个县被国家列入试点；积极探索氢能、地热能等清洁能源的开发利用；带动储能行业走上发展快车道，已发布10余项有关储能的政策，几乎覆盖各个应用领域，全省共有25个独立或共享储能项目备案，项目总投资超240亿元。

构建内联外通的电网系统。加快特高压及相关外送通道建设，晋中、晋北1000千伏变电站主变扩建和陕北—湖北±800千伏直流线路（山西段）等三项特高压工程建设任务全面完成。全省已建成投运9个外送通道、18回线路，外送能力3830万千瓦，超过省调发电总装机的1/3。

加快推进智慧电厂建设。晋能控股集团塔山发电公司已完成全部“智慧电厂”项目改造。朔州热电、阳高热电、漳泽发电工业互联网硬件及智慧平台已陆续搭建完成，生产监控、物资管理、智能办公等逐步上线，通过使用大数据、云计算、物联网、人工智能、5G通信等新技术与发电生产深度融合，开启智慧电厂运营新模式。

持续深化电力市场化改革。创新电力交易机制，完善战略性新兴产业市场化电价机制，将资源优势转换为发展优势。2021年，山西战略新兴产业电力交易电量达155.29亿千瓦时，企业用电成本降低30.28亿元。

2021年山西电力行业数据

指标	绝对数	比上年末增长（%）
全省发电装机容量	11337.9万千瓦	9.2
其中：火电装机容量	7532.9万千瓦	9.5
并网风电装机容量	2123.3万千瓦	7.6
并网太阳能发电装机容量	1457.7万千瓦	11.4
水电装机容量	224.1万千瓦	0.6
全年全省全社会发电量	3842.6亿千瓦小时	13.2
向省外输送电力	1234.7亿千瓦小时	17.2
全社会用电总量	2607.9亿千瓦小时	11.4

资料来源：《山西省2021年国民经济和社会发展统计公报》。

钢铁产业控量提质迈向高端

山西坚持以供给侧结构性改革为主线，大力推进实施一批产业转型升级项目，持续推进钢铁行业向高端化、绿色化、智能化发展。

大力实施对标改造行动。研究确定了钢铁行业的“生存线”“发展线”标准，推动钢铁产业对标“两线”实施技术改造。2021年，全省炼铁先进产能占比达58.7%，炼钢先进产能占比达47%。

加快数字化智能化转型。推动5G、工业互联网、人工智能、商用密码、数字孪生等技术在钢铁行业的应用。晋南钢铁“5G+工业互联网”项目入选工业和信息化部移动物联网应用优秀案例。

绿色发展取得明显成效。完成22家钢铁联合企业超低排放改造。山西中升钢铁、首钢长治钢铁、山西建邦集团等企业入选工业和信息化部2021年度绿色工厂名单。

产品结构不断优化调整。太钢同国内先进企业开展协同合作，迈进精密合金制造领域，并在精密合金材料方面取得突破性进展，产品成功应用于通信行业。太钢超纯铁素体不锈钢获国家级制造业单项冠军。

产业集群发展取得新进展。进一步推动布局优化与集群发展，加快建龙千亿级钢铁深加工产业基地、临汾千亿级钢材铸造基地等重点项目建设，逐步形成太原不锈钢、运城汽车及工业用钢、晋东南智能装备用钢、临汾型钢及合金钢等四大产业集群。

2021年山西生铁、粗钢、钢材产量数据

指标	绝对数（万吨）	同比增长（%）	备注
生铁产量	5988.4	-1.6	全省现有在产钢铁联合企业共24户
粗钢产量	6740.7	1.6	
钢材产量	6173.9	基本持平	

资料来源：《山西省钢铁企业改造提升2022年行动计划》。

有色金属产业质效不断提升

山西有色金属产业立足资源优势和产业基础，依靠科技创新，着力强链延链补链，加速朝着智能化、绿色化、高端化方向转型。

加强智能化改造。促进工业互联网、大数据、人工智能、5G等技术与有色金属产业深度融合，着力推动装备升级和智能化改造，提升工艺装备水平。山西复晟铝业通过全流程智能化改造，实现了对氧化铝生产全过程的监控、工艺参数自动采集、自动预警，成为全省首家国家级的“智能制造标杆企业”。

突出绿色化提升。研究确定了“生存线”“发展线”标准，推动有色金属产业对标“两线”实施技术改造。加大节能降耗技术应用，提高能效水平。太原市康镁科技发展有限公司入选工业和信息化部2021年度绿色工厂名单。

推进高端化发展。以现有产业为基础，以技术研发为引领，以市场需求为导向，引进培育有色金属加工及精深加工企业，推动产业链向高端、终端迈进。2021年底，全省重点有色金属冶炼企业28户，其中铝冶炼企业17户、金属镁冶炼企业10户、铜冶炼企业1户。建成运城铝镁铜、吕梁铝镁两个产业集群，形成年产氧化铝2420万吨、电解铝131.6万吨、金属镁31万吨、精炼铜12.5万吨的生产能力。

焦化产业绿色转型稳步推进

山西围绕低碳转型绿色发展，努力推进产业结构优化调整，加快焦化产业升级改造。

压减焦化过剩产能。2021年，在关停淘汰焦化落后产能4310万吨的基础上，又关停淘汰1044万吨焦化落后产能；全省焦炭产量9857万吨，比上年度减少636万吨，产值2966亿元，焦化先进产能占比达64.5%。

加快绿色低碳发展。2021年，完成14家焦化企业超低排放改造。山西光大焦化气源有限公司获全省首家全国“焦化示范企业”称号，并入选由工业和信息化部、市场监督管理总局联合发布的2021年重点用能行业能效

·特别关注·

焦炉煤气制成高纯度氢

位于山西省太原市的清徐精细化工循环产业园，过去让人头疼的焦炉煤气被制成高纯度氢。乌烟瘴气的生产场面不见了，园区里绿树成荫。据山西美锦华盛化工新材料公司负责人介绍，项目完全建成后可满足5500台公交车、8000台物流车或2200台重卡满负荷使用，每年可减少26.4万吨二氧化碳排放。从源头削减资源消耗和碳排放，推动焦炉综合能耗达到国内先进水平。

“领跑者”企业名单，在焦化和甲醇两个行业中榜上有名，两项指标均领跑全国。焦化行业淘汰湿法熄焦，实施全干熄焦。全省建成干熄焦的焦化企业31户，涉及产能5598万吨，干熄焦占比约为44.7%。2022年初，全省全面启动焦化行业干熄焦改造，推动焦化行业转型升级绿色发展。

延伸焦化产业链条。推动焦化企业围绕焦炉煤气综合高效利用、煤焦油深度加工、粗苯精制等领域，结合实际选择适合的技术路径，拓展延伸产业链条，大力推进焦化产品精深加工。

化工产业重整壮大开创新局

山西把现代煤化工作为煤炭清洁高效利用的重要路径，不断突破关键技术，持续延伸产业链条，在优势产业领域精耕细作，促进煤化工产业高端化、多元化、低碳化发展。企业创新发展取得新突破，省属化工资产整合加速落地，智能化改造绿色化提升，2021年全省规模以上化学工业增加值增速为12.6%。

建材产业面上开花蓬勃发展

山西全面贯彻新发展理念，大力推动建材产业绿色低碳循环发展，积极实施数字化、智能化技术改造，助力建材产业转型升级。

加快数字化转型，培育智能工厂。发挥智能制造标杆企业的示范引领作用，通过持续完善、迭代和提升，在行业内进行复制推广。比如，阳泉冀东水泥5G+智慧矿山无人驾驶项目是国内水泥行业首家实现全矿纯电动、数字化、绿色智慧矿山示范项目，用矿山数字化赋能水泥产业新业态，为水泥行业大规模推广智能化制造提供标准化参考。

开展绿色化改造，降能耗提能效。严格执行国家水泥产能置换政策，严禁新增产能。截至2021年底，全省共有在产水泥熟料企业50户，设计总产能

·特别关注·

山西装配式建筑蓬勃发展

山西推进装配式建筑产业基地建设，基本实现百公里范围内装配式建筑产业基地全覆盖，混凝土结构、钢结构、木结构等结构体系全覆盖。目前，山西认定21个省级装配式建筑产业基地，相继建成投产部品部件生产基地18个，产能达1870万平方米。除满足本地需要外，实现向北京、河北、河南、陕西等地供应。

5369万吨。10家水泥熟料企业完成超低排放改造主体工程建设。

装备制造产业韧性不断增强

装备制造业是山西重要的支柱产业。山西装备制造业传统优势领域主要包括煤机装备、重型机械、铸锻造、纺机、液压等行业，发展态势良好。2021年装备制造业增加值增长24.4%，明显快于全省规上工业增速。制造业投资、工业技改投资持续发力。全年固定资产投资中，制造业投资增长24.5%，工业技改投资增长

太重集团为三峡白鹤滩水电站制造的1300吨桥式起重机

11.3%，均明显快于全省固定资产投资增速，有力推动山西高端装备制造业持续发展。

三、集聚发展动能，加快传统优势产业优化升级

“手撕钢”更薄了！曾被习近平总书记称赞“工艺确实好，就像锡纸一样薄，百炼钢做成了绕指柔”的“手撕钢”，经过持续创新、不懈努力，目前其厚度已做到0.015毫米，不到一张普通A4纸厚度的1/4，实际

中国宝武太钢不锈钢精密带钢有限公司“手撕钢”项目技术人员对比两代“手撕钢”。

宽度达到600毫米，是目前世界上最宽最薄的不锈钢精密箔材。

煤矿更“聪明”了！依托5G网络，山西一处煤矿100多公里巷道实现5G专网全覆盖，自动巡检机器人、高清巷道视频监控、远程控制无人开采等“5G+工业互联网”应用，让数百米深的矿井更智能更安全。

钢材在变薄，煤矿在变“聪明”，折射出山西传统优势产业转型升级的新进展新成效。立足区域实际，山西省第十二次党代会提出，传统优势产业要率先转型，实现内涵集约发展，要突出智能化、绿色化、服务化，并作出一系列重要部署，提出一系列具体举措。

突出智能化，推动传统优势产业加快转向先进制造业

创新是产业发展的制胜法宝。当今世界正在进入以信息产业为主导的经济发展时期，要把握数字化、网络化、智能化融合发展的契机，以信息化、智能化为杠杆培育新动能，推进互联网、大数据、人工智能同实体经济深度融合，做大做强数字经济。

山西省第十二次党代会提出，实施产业基础再造和产业链提升工程，运用大数据、物联网、人工智能等新

作为国家首批智能化示范建设煤矿之一，晋能控股煤业集团塔山矿智能化工作面实现了高效率、高效益、更安全的智能化采煤。

一代信息技术，提高自主创新和集成创新能力。钢铁、有色、焦化、化工、建材等产业，要向特种金属材料、新型铝镁合金、高端炭材料、化工新材料、绿色建材及装配式建筑等方向延伸拓展。传统装备制造业要向高端基础零部件、大型装备、工业母机等方向加快升级。煤化工要坚持高端多元低碳发展方向，整合省内科研资源，开展关键核心技术集成攻关，加快向高端碳基新材料升级拓展，建设国家级研发制造基地。

加快5G智慧矿山建设。再建成20座智能化煤矿、500处智能化采掘工作面。以全省煤矿智能化建设为带动，以新元矿、庞庞塔矿、鑫岩矿等5G应用为示范，在晋能控股、焦煤集团、潞安化工等省属重点能源企业累计开展40座煤矿“进矿—下井—到面”建设，强化5G与人工智能、工业物联网、云计算、大数据等新一代信息技术融合，赋能煤矿开拓、采掘（剥）、运输、通风、洗选、安全保障、经营管理等过程的智能化运行，提升煤矿安全生产水平。研究梳理5G在煤矿智能化建设中的标准应用场景及技术装备服务目录。

开展5G+工业互联网工程。在钢铁、焦化、装备制造等领域培育10个5G+工业互联网标杆实践项目。支持工业企业内网5G化升级改造，支撑生产装备、信息采集设备、生产管理系统等要素广泛互联。鼓励纺织、轻工、冶金等行业应用5G+机器视觉开展产品检测和质量控制，开展外观瑕疵检测、视觉定位、尺寸测量、分类分拣、视觉引导。鼓励装备、化工、冶金、建材等行业应用5G+远程控制实现“人、机、物、环”远程联网，建设生产现场和运行装备的数字孪生。推进5G+云化自动导引车（AGV）应用，满足复杂工业现场车辆运行定位、导航、图像识别、环境感知需求。

突出绿色化，推动传统优势产业降能耗提能效

绿色循环低碳发展，是当今时代科技革命和产业变革的方向。加快转变经济发展方式，根本改善生态环境状况，必须改变过多依赖增加物质资源消耗、过多依赖规模粗放扩张、过多依赖高能耗高排放产业的发展模式，更加自觉地推动绿色发展、循环发展、低碳发展。

山西省第十二次党代会提出，在煤电、钢铁、有色、焦化、化工、建材等六大高耗能行业，坚决遏制“两高”项目盲目发展，严格落实能耗双控行动方案，坚持“上大压小、产能置换、淘汰落后、先立后破”，加大节能降耗技术改造，能效水平要全面达到全国平均水平以上。

山西作为能源大省，要坚决当好能源革命排头兵，全力保障国家能源安全。煤炭产业要立足全国，合理控制总量、坚决兜住底线，大力推动智能绿色安全开采和清洁高效深度利用，积极布局先进接续产能，加快煤矿智能化改造，严格控制煤炭消费增长，有序推进煤炭消耗减量替代。加大焦化、钢铁、水泥等行业超低排放和节能改造力度，推广大机焦、干熄焦等先进装备技术，引导煤电材、煤焦化氢、钢焦化氢等一体化高效循环发

积极发展绿色能源，图为朔州光伏发电厂。

· 知识链接 ·

源网荷储：以“电源、电网、负荷、储能”为整体规划的新型电力运行模式，可精准控制社会电力系统中的用电负荷和储能资源，有效解决电力系统因新能源发电量占比提高而造成的系统波动，提高新能源发电量消纳能力，提高电网安全运行水平。

展。电力产业要开展煤电机组灵活性改造和节煤降耗技术改造，发展大容量高参数先进煤电机组，实现基础性和系统调节性电源并重。加强电网建设，推动新型电力系统建设。积极发展新能源和清洁能源，提升风电、光电规模，加快煤成气增储上产和推广使用，有序推进氢能、甲醇、地热能、生物质能发展，推进源网荷储一体化和多能互补。到“十四五”末，新能源和清洁能源装机容量占比达到50%，发电量占比达到30%。

今后，山西将坚持以“双碳”目标为牵引，深化能源革命综合改革试点，着力稳产保供，促进优化升级，推动绿色发展。有序推进煤矿产能核增，依法合规释放先进产能，保障国家能源安全。推进煤矿智能化改造。支持超超临界燃煤机组建设，推进光伏、风电基地化发展，加快建设垣曲、浑源抽水蓄能电站，再规划建设8—10个抽水蓄能电站项目，加快推进前期工作，力争早日开工。开发利用地热能和生物质能。投运2—3个500千伏新能源汇集站，加快能源互联网试点建设，积极拓展晋电外送市场。推动非常规天然气增储上产，加快管网互联互通。

· 特别关注 ·

山西积极推进地热资源开发利用

地热能是一种新的洁净能源，其规模化、产业化开发利用，对山西优化能源结构、实现绿色发展意义重大。2017年，山西启动实施了天镇县干热岩地热资源预可行性勘查项目。2020年3月，勘查项目取得重大突破，探获高温高压地热流体资源，井口温度为160.2℃，最大流量231.15立方米/小时，是华北地区2000米以浅深度范围内发现的温度最高、自流量最大、深度最浅的干热岩资源。2021年1月，就地建设的高温地热能科研示范试验电站的两台机组试发电成功，成为我国中东部首个高温地热发电项目。未来，山西将以“双碳”目标为牵引深化能源革命，积极推进地热资源勘查和开发利用项目建设，促进清洁低碳和可再生能源发展，为全方位推动高质量发展提供有力支撑。

深入开展碳达峰山西行动。制定山西“双碳”工作实施意见和碳达峰实施方案，落实落细碳达峰碳中和“1+X”政策体系各项任务。探索“双碳”目标实现路径，推动能耗“双控”向碳排放总量和强度“双控”转变，加快形成减污降碳激励约束机制。巩固提升碳汇能力，推进碳排放权市场化交易，积极推进近零碳排放示范工程、碳达峰试点示范建设，开展碳捕集、利用与封存等技术研究。探索开展经济生态生产总值核算。坚决遏制“两高”项目盲目发展，实施重点行业能效提升行动，持续降低能耗强度，落实新增可再生能源和原料用能不纳入能源消费总量控制政策，加快推进能源、工业、交通运输、城乡建设等领域绿色低碳转型。

突出服务化，推动传统优势产业与现代服务业相互促进

推进服务业提质增效，既是当前紧迫工作，也是长期战略任务。山西省第十二次党代会提出，支持煤电行业向绿色低碳综合能源服务商转变，钢铁、焦化、建材、有色、化工等行业向基础产品高端定制供应商转变。推动生产性服务业由服务制造环节向上下游延伸，形成全产业链条。《山西省“十四五”现代服务业发展规划》提出，支持制造业企业拓展高增值服务，发展创新设计、定制化服务、产品全生命周期管理、网络精准营销等新型制造服务。鼓励有条件的企业主辅分离，发展生产性服务业，完善产业链协同创新体系，提升重点制造业领域服务化发展水平。

立足新发展阶段，推动先进制造业和现代服务业深度融合是山西增强制造业核心竞争力、培育现代产业体系、实现高质量发展的重要途径。要顺应技术革命、产业变革、消费升级的趋势，深化业务关联、链条延伸、技术渗透，探索新业态、新模式、新路径，推动先进制造业和现代服务业相融相长、耦合共生。

山西要持续推动现代服务业发展提质增效，加快建设现代服务业集聚区。大力推动批零住餐等传统商贸消费升级，鼓励新能源汽车、绿色智能家电消费，新建或改造一批高品质特色商业街、商业综合体、餐饮集聚区，打造一批地标性夜经济生活集聚区，大力推进老字

无人售货车亮相阳泉，服务触手可及。

·知识链接·

首店经济：一个区域利用特有的资源优势，吸引国内外品牌在区域首次开设门店，使品牌价值与区域资源实现最优耦合，以及由此对该区域经济发展产生积极影响的一种经济形态。

号传承振兴，积极发展首店经济、流量型经济，培育电子商务、无接触配送、无人零售等新业态，培育直播电商基地、跨境电商示范区。加快发展研发设计、检验检测、中介咨询、法律服务、会展服务等生产性服务业，培育壮大物流龙头企业和网络货运平台，

建设太原、大同、临汾国家物流枢纽，打造内陆型国际物流中心。

击鼓催征稳驭舟，奋楫扬帆启新程。山西必须倍加珍惜传统优势产业，以增强生存力发展力为方向，突出智能化、绿色化、服务化，久久为功，坚持走下去，必将会让传统优势产业脱胎换骨，焕发新机，为全方位推动高质量发展提供新动能、塑造新优势。

第二章

异军突起蓄新能

——如何推动战略性新兴产业引领转型，实现成链集群发展？

2022年北京冬奥燃情绽放，为各国冰雪运动员提供了超越自我的舞台，也向世界展现了中国科技创新的力量。在这场冰雪盛会背后有着不少“山西制造”的身影，太钢产TG800碳纤维制作的国产雪车和雪车头盔亮相奥运赛场、“晋芯守护”深紫外LED消毒机器人为冬奥会防疫工作保驾护航、晋塔C7528P塔式起重机参与冬奥村项目建设……山西新材料、新基建、新装备精彩亮相，科技感、未来感十足的技术和设备，为“科技冬奥”写下生动注脚，在冬奥会舞台上展示了山西形象，贡献了山西力量。

一花独放不是春，百花齐放春满园。习近平总书记指出，大力推进科技创新及其他各方面创新，加快推进数字经济、智能制造、生命健康、新材料等战略性新兴产业，形成更多新的增长点、增长极。冬奥会上的“山西制造”，是山西战略性新兴产业快速成长的集中展示，也是山西聚焦“六新”突破的生动写照。经过多年培育，山西战略性新兴产业具备了一定规模，犹如星星之火正呈燎原之势，必须倍加珍惜。要全力推动战略性新兴产业成链集群发展，按照集群化规模化发展方向，聚焦产业链和创新链深度融合，不断提升核心竞争力，为山西全方位推动高质量发展提供强有力支撑。

一、领跑动能转换，推动战略性新兴产业引领转型

“手撕钢”、新能源汽车、可降解塑料，这三件事有联系吗？当然！它们都属于同一个名录——“战略性新兴产业”。

战略性新兴产业是以重大技术突破和重大发展需求为基础，对经济社会全局和长远发展具有重大引领带动作用，知识技术密集、物质资源消耗少、成长潜力大、综合效益好的产业，代表着新一轮科技革命和产业变革的方向，是培育发展新动能、获取未来竞争新优势的关键领域。发展壮大战略性新兴产业对全方位推动高质量发展意义重大。

发展壮大战略性新兴产业是加快构建现代产业体系的内在要求

当前，我国已转向高质量发展阶段，内需潜力不断释放，国内大循环活力日益强劲。战略性新兴产业能耗低、污染小，顺应生态优先、低碳环保的发展要求，符合“双碳”目标引领下经济转型和能源发展的迫切需要。战略性新兴产业的发展壮大能够对传统产业形成替

2021年

全省规模以上工业增加值	比上年↗12.7%
	比全国快3.1个百分点

两年平均↗9.1%,比全国快3.0个百分点

工业新动能增势明显,全省——

●规上高技术制造业增加值	▲34.2%
●装备制造业	▲24.4%
●工业战略性新兴产业	▲19.5%

均明显快于全省规上工业增速

代效应，从生产领域加强优质供给，减少无效供给，扩大有效供给，提高供给结构对需求变化的适应性和灵活性，对于山西这样的资源型地区来说意义更加重大。

发展壮大战略性新兴产业是保持经济平稳健康发展的重要引擎

战略性新兴产业是知识技术密集型产业，其发展壮大需要人才、技术、信息、资金等各种创新要素的良性互动和有效整合，具有带动性强、市场前景好、发展潜力大的特点，能够形成强大投资效应、规模效应、产业链带动效应、产业集群效应，能拉动相关配套产业的发展，引领、激发和创造新需求，促进消费提质升级，对经济发展具有重大引领带动作用。培育壮大战略性新兴产业，有利于加快形成新的经济增长点，有利于优化产

业结构，有利于增强抵御风险能力，创造更多的就业岗位，更好地满足人民日益增长的美好生活需要，为全面建设社会主义现代化国家提供有力支撑。

发展壮大战略性新兴产业是引领山西转型高质量发展的迫切需要

战略性新兴产业是新兴科技和新兴产业的融合，代表着科技创新和产业发展的方向。每一次科技革命和产业变革，都是实现弯道超车、后来居上的重要机遇。山西传统优势产业家底厚实，依托数字经济、智能制造、生命健康、新材料、新能源等领域先发优势、综合优势和叠加优势，将推动传统产业从“原”字头、“初”字号低端产业，向高科技、低能耗的高端产业转型，促进传统产业智能化、绿色化、服务化升级，为经济发展提供新动能、构建新支点。山西战略性新兴产业很多集中在中

·特别关注·

支持中小企业走“专精特新”道路

2021年，山西新培育认定省级“专精特新”企业350户，省级专精特新“小巨人”企业102户，国家级专精特新“小巨人”企业47户，积极推荐16户企业成为国家重点“小巨人”企业，推动科达自控成为省内首家北交所上市企业，实现了零的突破。2022年上半年新培育认定“专精特新”企业744户，数量增长113%，率先实现了“专精特新”企业市场主体同比倍增目标。目前山西“专精特新”企业2113户，省级专精特新“小巨人”企业363户，国家级专精特新“小巨人”企业100户，国家级专精特新重点“小巨人”企业18户。

小企业，具有经营机动灵活、市场适应性强、反应敏感度高的特点，能凭借其在技术、资源方面的特有优势，寻找并迅速挤占“空隙”市场，从而形成独特的竞争优势，是国民经济和社会发展的生力军，是扩大就业、改善民生、促进创业创新的重要力量。

二、聚力做大做强，促进战略性新兴产业发展壮大

山西坚持前瞻布局、创新引领，推动战略性新兴产业成为山西转型的新标识。2021年工业战略性新兴产业增长19.5%。2022年上半年，工业战略性新兴产业增长20.6%，明显快于全省规上工业增速。新能源汽车、光伏电池产量分别增长2.8倍、8.7%，延续了快速增长势头。

·知识链接·

六新：2020年5月，习近平总书记在山西视察时指出，大力加强科技创新，在新基建、新技术、新材料、新装备、新产品、新业态上不断取得突破。

加强对战略性新兴产业的统筹谋划和合理布局

谋定后动，规划先行。2021年，山西发布了“十四五”新基建、新技术、新材料、新装备、新产品、新业态等“六新”专项规划，盘点发展现

状，分析面临形势，明确发展重点、目标任务、重要举措。不同规划间既各有侧重，又互为支撑互为促进，共同构建起“六新”发展的完整体系。

重点突破，集群发展。山西出台了“十四五”14个战略性新兴产业规划，提出到2025年，拥有一批在全国具有较高市场占有率和较强竞争力的产业集群，其中信创、大数据、半导体等3—5个战略性新兴产业集群成为全省新的经济支柱，建成信创、碳基新材料、特种金属材料、合成生物产业国家级研发制造基地，产业基础能力和产业链现代化水平显著提升，以14个战略性新兴产业为代表的先进制造业对构建现代产业体系的支撑作用明显增强。

“十四五”时期山西省战略性新兴产业发展主要目标

一级指标	二级指标	2025年目标值
规模总量	战略性新兴产业营业收入	10000亿元
	战略性新兴产业营业收入年均增速	14%
	收入规模过千亿的战略性新兴产业	5个
创新能力	R&D经费投入平均增速	20%
	每万人口高价值发明专利拥有量	2.6件
	新增国家企业技术中心	5个
结构优化	战略性新兴产业增加值占GDP比重	12%
	战略性新兴产业收入占工业比重	28%
	高技术制造业增加值年均增速	18%
质量品牌	新产品开发项目数量年均增速	12%
效率效益	全员劳动生产率年均增速	8.8%
	单位工业增加值能耗年均下降	完成国家下达目标任务
开放合作	高技术产品出口占出口总额比重	70%

资料来源：《山西省“十四五”14个战略性新兴产业规划》。

·知识链接·

14个战略性新兴产业：信息技术应用创新、大数据、半导体、光电、光伏、碳基新材料、生物基新材料、特种金属材料、先进轨道交通装备制造、煤机智能制造、智能网联新能源汽车、现代生物医药和大健康、通用航空、节能环保14个产业。

科技赋能，创新驱动。紧紧围绕构建新发展格局，发挥科技创新的战略支撑作用，针对性布局实施了一批变革性、牵引性、标志性举措，出台山西创新生态建设规划，大力推进“111”“1331”“136”等创新工程。通过“揭榜挂帅”“赛马制”“包干制”等机制，激发创新活力，破解“卡脖子”难题，推进成果转化。不断强化企业创新主体地位，用好人才第一资源，持续推进关键核心技术攻关，深化产学研用结合。以创新牵引质量变革、效率变革、动力变革，实现产业发展水平整体提升。

狠抓项目，逐浪前行。山西以持久之功，狠抓项目建设，全力推动项目建设提质提速提效。特别是滚动开展全省开发区项目集中签约一批、开工一批、投产一批“三个一批”活动，汇聚转型强劲动能。截至2021年底，全省共有各类开发区88家，包括工业类69家、现代农业类12家、生态文旅类7家。各开发区聚焦“六新”和战略性新兴产业，全力以赴抓项目，深化“承诺制+标准地+全代办”改革，着力打造“三无”“三可”营商环境，奋力掀起项目建设新高潮。

·知识链接·

承诺制+标准地+全代办：企业投资项目承诺制，项目供地标准化，投资项目建设领办代办。

“三无”“三可”营商环境：打造无差别、无障碍、无后顾之忧，可预期、可信赖、可发展的营商环境。

政策服务，协同发力。为培育壮大战略性新兴产业，山西出台了一系列政策支持，特别是完善战略性新兴产业市场化电价机制，全力支持战略性新兴产业技改项目建设，优先向金融机构推介技改资金支持项目，持续释放工业发展新动能。

省部合作，助力转型。山西与工业和信息化部围绕推进产业基础高级化、产业链现代化，在集成电路、信创、智能矿山、绿色制造等领域持续深化合作，取得丰硕成果。2022年3月，山西省人民政府与工业和信息化部签署战略合作协议，双方围绕完善制造业创新体系、培育战略性新兴产业、增强产业转型承载能力、深化科技创新开放合作等领域，不断深化协同合作，推动山西建设国家重要的先进制造业基地，加快构建现代产业体系。

做强做大四类支柱型新兴产业

信息技术应用创新产业。在省级战略推动下，山西信息技术应用创新产业从无到有、从点到面，逐步呈燎原之势。特别是华为、百度、中国电科、中国电子等一批龙头企业纷纷落户，长城、曙光、龙芯、统信等一批核心企业齐聚山西，云时代、百信等省内领军企业逐步壮大，初步形成了龙头牵引、产业集聚的发展基础，呈现出蓬勃成长的良好态势。2021年，信息技术应用创新产业已形成以百信、长城、曙光等为龙头的整机制造基地，生产能力达到260万台。

半导体产业。在科技创新和产业创新双轮驱动下，山西半导体产业快速发展，打造了中国电科(山西)电子信息创新产业园、忻州半导体产业园等半导体产业集聚区,培育了一批骨干企业,在砷化镓、碳化硅等化合物半导体材料,碳化硅单晶生长炉等半导体装备,短波红外探测器、深紫外LED、LED照明及显示模组等半导体器件方面形成了比较优势,产业规模从无到有,影响力逐步扩大,形成了良好发展态势。2021年，山西电子信息制造业规模以上企业实现营业收入1543亿元，同比增长29.9%。4英寸碳化硅高纯单晶衬底市场占有率达50%以上。科技创新不断加速，国家第三代半导体技术创新中心(山西)揭牌成立，中科潞安紫外光电科技有限公司承担的省重大专项“氮化镓基高效深紫外LED芯片技术”

中科潞安紫外光电科技有限公司率先实现了全球最大规模的LED芯片技术产业化与核心器件国产化。

取得关键技术突破。

大数据产业。近年来，山西大数据发展应用实现从点的突破到系统能力的提升，产业基础能力显著增强，特色产业链基本成型，融合应用逐步深入，产业生态持续优化，为高质量发展提供了重要支撑，为大数据发展应用向更深层次、更高水平跃升奠定了坚实基础。2021年，新建成5G基站2.1万个，建成智能化煤矿10座、智能化采掘工作面328处，认定省级智能制造试点示范企业54户、标杆项目9个，太原国家级互联网骨干直联点正式运行，国家超级计算太原中心建成运行，成为“十四五”期间全国首

·知识链接·

太原国家级互联网骨干直联点：作为国家重要通信枢纽，国家级互联网骨干直联点主要用于汇聚和疏通区域乃至全国网间通信流量，是我国互联网网间互联架构的顶层关键环节。2021年9月29日，太原国家级互联网骨干直联点开通运行。

个启动申报并获得批复的直联点。

碳基新材料产业。依托丰富的煤炭、石墨资源以及相关的研发和产业基础，山西形成了太原、大同、朔州、晋中、长治、吕梁等碳基新材料产业集聚区，碳基新材料产业稳步发展，并涌现出一批优秀企业。目前，全省研发生产的碳基新材料主要包括碳纤维、石墨烯等高端炭材料，以及高端合成蜡、全合成润滑油等碳基合成新材料。其中，山西钢科碳纤维产品处于国内领先、国际一流水平，潞安全合成润滑油、高端合成蜡打破国际垄断，基本实现替代进口。2022

“冰雪F1”第二代国产雪车和雪车头盔采用太钢TG800碳纤维材料制作。

年4月，山西首个千吨级电容炭工业化项目开工，一期500吨电容炭产业化项目具备年产500吨电容炭的生产能力，届时将实现电容炭的国产化和进口替代。

加快发展五类支撑型新兴产业

光电产业。光电产业技术含量高，应用领域广，市场空间巨大，发展前景广阔。山西打造了中国电科（山西）电子信息创新产业园、忻州半导体产业园、长治光电产业园、晋城光机电产业园等半导体产业集聚区，培育了一批骨干企业，并在砷化镓、碳化硅等化合物半导体材料方面形成了比较优势，产业规模从无到有，影响力逐步扩大，形成了良好发展态势。

特种金属材料产业。特种金属材料产业主要包括不锈钢、镍基合金、高强耐磨板材、冷轧取向硅钢、轮轴钢等高品质特种钢铁材料，铝、镁合金等高性能有色金属材料的生产，以及下游金属材料精深加工、应用。依托较为良好的资源禀赋，山西在高品质特种钢铁材料领域初步培育了太原特殊钢产业集群，不锈钢、冷轧硅钢、火车轮轴钢等产品，市场占有率国内第一，“手撕钢”、笔尖钢等产品享誉业内；在高性能有色金属领域镁合金产能位居全国前列，逐步深入航空航天、军工、高铁、汽车、智能家居和电子信息等产业领域。2021年以来，太钢取向硅钢、兴县开发区铝镁深加工等项目建设稳步推进，取得显著成效。

先进轨道交通产业。近年来，山西铁路装备制造业规模不断扩大，已初步形成以太原、大同、运城为核心的规模化产业集群，拥有中车太原、中车大同、中车永济、太重轨道、智奇、太钢集团等在行业内有重要影响力的核心企业，形成了从原材料、研发设计、零部件制造、机车车辆和工程车制造到检修以及运营维保完整体系，占领了动车行走系统、电牵引系统等轨道交通装备研发制造高地，已经基本具备向全产业链发展和完善的实力。

煤机智能制造产业。经过多年的积淀和发展，山西形成以“三机一架”（掘进机、采煤机、运输机和液压支架）、辅运提升、洗选设备、煤化工设备、矿井安全设备为主体、制造与研发并举的煤机产业体系，煤机产品规格齐全，生产和销售规模全国领先。煤机制造产业正依托5G、数字化、云计算、大数据、物联网等先进技术，朝着高端化、智能化、绿色化、集群化、服务化的方向发展。智能矿山创新实验室人工智能计算中心通过每秒2亿亿次的强大算力进行算法迭代，赋能矿井

我国首台氢燃料电池混合动力机车在大同下线。

自动化生产、智能化升级；智能化综采工作面成套装备通过一键采煤、液压支架自动跟机、采煤机记忆截割等技术，可使工作面单班作业人员减至5—7人，工效提高65%以上……山西智能煤机装备企业在融合创新、协同发展的大路上阔步前行。

节能环保产业。在持续推进节能减排降碳、大力发展循环经济有力带动下，山西节能环保产业实现了较快发展，产业规模不断扩大，涌现出一批龙头企业和高端装备，节能环保产业正朝着高端化、绿色化、智能化方向发展。2021年以来，加快推进节能环保产业引领转型，实现集群规模发展。制定了节能环保产业发展壮大2022年行动计划，推动节能环保重点企业达到行业标杆水平，力争到2022年底全省节能环保产业营业收入增速达到15%。2022年5月，山西低碳环保产业集团揭牌成立，聚焦太忻生态环保产业园区、“两山七河一流域”生态修复治理等重点环境治理领域，带动环保企业集群化发展。

全力培育五类潜力型新兴产业

生物基新材料产业。山西煤炭资源丰富，煤焦化产业基础雄厚，为生物基材料生产提供了充足的能源和基础化工原料，同时煤焦化副产品也能作为生物基的材料进行生产。山西抢抓国家生物基新材料产业发展政策红利和市场先机，抢占全球生物技术与产业发展制高点，已进入产业化实施阶段，走在了全国乃至全球的前列。2021年以来，生物基新材料产业重点加快推进合成生物产业生态园区、金晖兆隆生物降解聚酯等项目建设，推

·特别关注·

山西首次实现人源化胶原蛋白产业化

人源化胶原蛋白主要应用于人体器官组织的修复再生与抗老化，是高端药用辅料、医疗器械、化妆品领域的重要上游原材料。山西锦波生物医药股份有限公司经过多年技术攻关，在国际首次实现了人源化胶原蛋白产业化。其与山西综改示范区管委会合作建设的人源化胶原蛋白产业园项目占地面积300亩，总投资30亿元，全部投产后产值预计百亿元以上，将形成完整的重组Ⅲ型人源化胶原蛋白研发、生产、销售国际化产业链。

动人源化胶原蛋白产业化。

光伏产业。山西着力打造国家级光伏产业基地，引进新一代电池组件、面板、背板等上市公司、头部企业，吸引更多中下游企业，不断建链补链延链强链，推动光伏产业链低成本、高质量、组团式、生态式快速发展。2021年末，全省并网太阳能发电装机容量1457.7万千瓦，位居全国前列。光伏电池产量727.3万千瓦，增长6.1%。光伏产业加快提升新型高效电池核心技术水平，构建“多晶硅—硅片—电池片—电池组件—应用系统”产业链。重大项目建设取得新进展，山西华阳中来光电年产16GW高效单晶电池智能工厂项目落地山西

晋能清洁能源科技股份公司构建起具有全球前5%技术和成本竞争力的电池、组件生产能力，形成了高效多晶、高效单晶PERC和超高效异质结三大产品线。

综改示范区，总投资56亿元，全部达产后，预计年产值超百亿元。

智能网联新能源汽车产业。依托吉利、江铃、大运、成功等汽车龙头企业，新能源汽车基本形成了电动整车制造为主、汽车关键零部件初具规模的产业链，初步打造了太原、晋中、长治、运城新能源汽车产业集群。阳泉在全省率先打造了“自动驾驶车路协同示范区”，为智能网联新能源汽车产业发展提供了应用场景。2021年以来，依托“链主”企业实施“补链”，支持吉利、大运“链主”企业引进配套企业到山西建厂。推动整车制造企业通过技术支持等方式，与上游中小企业建立长期合作关系，提升产业链完整度。2022年1—5月份，吉利汽车山西基地生产整车38426台。

通用航空产业。山西作为中国通用航空最早发源地之一，是中国航空级别碳纤维发源地，有太原卫星发射基地、全国条件最好的通用航空机场、部分配套航空航天企业，通用航空产业发展底蕴和优势显著。山西紧紧抓住获批国家通用航空业发展示范省的新机遇，举办了2021年山西省通用航空产业发展推介对接会，共有10个项目现场签约。这些项目的落地生根，为山西打造通用

山西太原中北高新区直升机研发生产基地

航空产业的“山西样本”助力添彩。

现代生物医药和大健康产业。山西现代生物医药和大健康产业快速发展，涌现出亚宝药业、振东药业、康宝药业等一批行业龙头企业，培育了碳酸钙D_3、复方苦参注射液、比卡鲁胺胶囊、克拉维酸钾、人血白蛋白、丁桂儿脐贴等10余个年销售额超过亿元的拳头生物医药产品。按照“打造优势、挖掘潜力、补齐短板、延伸发展”的总体思路，山西着力打造晋北原材料及制剂、晋中中成药、晋南新特药三大现代医药产业集群。2021年以来，围绕“制药原材料—医药研发—医药制造”链条，打造道地中药材、特色原料药、经典中成药、生物创新药等具有山西特色的医药产品，构建具备差异化竞争优势的现代医药产业链。

三、注重成链集群，助力战略性新兴产业加速崛起

山西坚持以加快集群化规模化为方向，实施千亿产业培育工程，实施全产业链培育工程，实施高成长性企业培育工程，实施未来产业培育工程，推动战略性新兴产业从零到一、从一到多。

·特别关注·

山西着力培育转型升级新的经济增长点

煤成气是指赋存于煤层、致密砂岩、页岩等地层中的天然气资源。作为煤炭大省，山西煤成气资源富集程度高、开发潜力大，累计探明地质储量全国排名第一。近年来，山西加快推进煤成气资源开发利用。2021年，山西煤成气产量94.1亿立方米，增长15.6%，创历史新高。

数字创意产业是以文化创意、设计服务为核心，依托数字技术进行创作、生产、传播和服务，满足健康、美好、现代生活方式需求，引领新供给、新消费，高速成长的战略性新兴产业。山西着力以“数字化、网络化、智能化”为牵引，将数字技术和文化创意元素注入传统产业，逐步把数字创意产业培育成为山西重要的新兴产业。

蓝宝石晶体是光电产业最重要的上游原材料之一，其具有良好的物理、机械、光学特性，可广泛运用于民用工业、化工、医疗、国防等多个科技领域。山西拥有丰富的铝土资源、煤炭和电力优势，可为蓝宝石产业发展提供充足的原料。山西大力发展蓝宝石产业，加快推进重大项目建设，延伸产业链条，着力培育转型升级新的经济增长点。

实施千亿产业培育工程

山西省第十二次党代会提出，实施千亿产业培育工程，支持高端装备制造、新材料、数字产业、节能环保、现代金融、现代物流等营业收入过千亿的产业提升竞争力，支持节能与新能源汽车、现代煤化工、煤成气、光机电、合成生物、现代医药和大健康等产业迈向千亿，支持通航、数字创意、信创、碳化硅、蓝宝石等产业发展壮大。

2022年，山西深入实施千亿产业培育工程，做强做优高端装备制造、新材料、节能环保、数字产业等千亿级产业，做大做深节能与新能源汽车、合成生物、现代医药和大健康等百亿级产业，做精做专通航、信创、软件业等潜力产业，布局量子信息、碳基芯片、氢能与储能、下一代互联网等未来产业。

实施全产业链培育工程

山西省第十二次党代会提出，实施全产业链培育工程，分行业做好战略设计，推行“链长制”，培育引进一批头部企业、“链主”企业，建链补链强链，提升本地配套率，增强产业链稳定性和竞争力。

·热点问答·

问：什么是“链长制”？

答：一种强化产业链责任的制度创新，即在一条产业链上培育龙头产业作为“链主”，以地方政府相关责任人任产业链“链长”，并以此为抓手，贯通上下游产业链条，在要素保障、市场需求、政策帮扶等领域精准发力，实现高质量发展。

问：山西谁来做“链长”？

答：省级层面，省长担任全省产业链“总链长”，分管副省长担任各重点产业链“链长”。

问：山西10条产业链都有哪些？

答：特钢材料、新能源汽车、高端装备制造、风电装备、氢能、铝镁精深加工、光伏、现代医药、第三代半导体、合成生物。

2022年，山西重点培育10条产业链。重点培育特钢材料、新能源汽车、风电装备、光伏、氢能等5个具有比较优势、发展前景广阔的新兴产业链；常态化培育高端装备制造、铝镁精深加工、现代医药等3个具有产业基础、特色明显的产业链；持续培育第三代半导体、合成生物等2个潜力巨大的产业链。

·特别关注·

山西首批20家“链主”企业

太原钢铁集团有限公司、太原重型机械集团有限公司、中车太原机车车辆有限公司、中车大同电力机车有限公司、晋能控股装备制造集团有限公司、山西天地煤机装备有限公司、山西中铝华润有限公司、中铝山西新材料有限公司、山西银光华盛镁业股份有限公司、山西晋南钢铁集团有限公司、山西美锦能源股份有限公司、吉利汽车山西基地、大运汽车股份有限公司、山西振东制药股份有限公司、国药集团威奇达药业有限公司、亚宝药业集团股份有限公司、山西中来光能电池科技有限公司、中国电子科技集团公司第二研究所、山西烁科晶体有限公司、凯赛太原生物材料有限公司。

实施高成长性企业培育工程

山西省第十二次党代会提出，实施高成长性企业培育工程，注重从细分行业中发现一批潜力企业，用好创投、风投和政府引导基金，完善战略性新兴产业市场化电价机制，优先配置能耗和环境容量，全力培育一批“小巨人”“隐形冠军”“单项冠军”。

·知识链接·

小巨人：是“专精特新”（专业化、精细化、特色化、新颖化）中小企业中的佼佼者，是专注于细分市场、创新能力强、市场占有率高、掌握关键核心技术、质量效益优的排头兵企业。

隐形冠军：指那些在某个细分市场占据绝对领先地位但鲜为人知的中小企业。

单项冠军：指长期专注于制造业某些特定细分产品市场，生产技术或工艺国际领先，单项产品市场占有率位居全球前列的企业。

2022年，山西着力打造一批“专精特新”“链核”企业，新增“专精特新”企业500户，培育一批掌握独门绝技的“小巨人”“单项冠军”。将着力补链延链强链，规划打造一批重点产业链，建立健全“链长制”，培育一批龙头骨干“链主”企业，打造一批“专精特新”“链核”企业，引进培育一批配套企业。同时，为加强科技成果转化，将精准对接碳达峰碳中和、能源革命、数字经济、先进制造业等，立项实施30个左右科技重大专项，突破一批关键核心技术。推进科技成果转化示范基地建设和示范企业认

·政策学习·

《山西省“专精特新”中小企业培育工作方案》

2022年4月，《山西省“专精特新”中小企业培育工作方案》印发，山西将实施“专精特新”中小企业培育工程，到“十四五”末，全省“专精特新”企业将达到3000户以上，省级专精特新“小巨人”企业达到500户以上，国家级专精特新“小巨人”企业达到200户以上，推动一批专精特新“小巨人”企业上市。

《方案》提出了政策、财税、金融、创新、能源、精准服务等6方面22项支持保障措施。在财税方面，山西将加大专项资金支持力度，设立3亿元省级“专精特新”中小企业专项引导基金。在金融方面，建立融资服务直达快车，鼓励银行业金融机构为“专精特新”中小企业打造专属信贷产品、加大信贷支持力度、优化相关服务。

定工作，新建10家省中试基地，促进更多科技成果转化为现实生产力。

实施未来产业培育工程

未来产业代表着新一轮科技和产业革命的发展方向，是支撑未来经济增长的主导性产业、决定未来发展方向的先导性产业。山西省第十二次党代会提出，实施未来产业培育工程，以现有产业未来化、未来技术产业化为方向，超前布局量子产业、碳基芯片、人工智能等产业，抢占发展前沿。出台了《山西省“十四五”未来产业发展规划》，规划立足新发展阶段，贯彻新发展理念，锚定15—30年远景目标，综合考虑未来产业国内外

未来产业发展矩阵

	未来数字产业体系	未来材料产业体系	未来能源产业体系	未来装备产业体系	未来生活产业体系
主导性未来产业（9个）	1.信息技术应用创新产业 2.大数据融合创新产业	3.碳基新材料产业 4.特种金属材料产业 5.半导体产业 6.先进功能材料产业	7.新能源产业	8.先进轨道交通产业	9.智能网联新能源汽车产业
先导性未来产业（7个）	1.云计算与工业互联网产业		2.煤炭清洁高效利用产业 3.核能产业 4.氢能产业	5.电子信息装备产业 6.航空航天产业 7.海洋装备产业	
颠覆性未来产业（4个）	1.量子产业 2.区块链产业	3.碳基芯片产业			4.高速飞车产业
前瞻性未来产业（5个）	1.人工智能产业 2.数字孪生与虚拟现实产业 3.下一代互联网产业				4.生物产业 5.智能传感及物联网产业

发展趋势和山西发展条件，着力推进“5+4”未来产业发展矩阵，打造全国重要的未来产业发展基地，力争实现“十四五”夯实基础、15年形成体系、30年全面发展的目标。

2022年2月，出台《山西省未来产业培育工程行动方案》，提出以“现有产业未来化”和“未来技术产业化”为抓手，加速推动人工智能、智能传感及物联网、数字孪

·特别关注·

联手打造全国最大的乳胶制品产业基地

左权毗邻河北，交通区位优势明显，水、电、气、地等资源要素齐全，且华能左权煤电项目的蒸汽可为生产乳胶提供支持。左权优化营商环境，为企业提供税收优惠等政策，积极承接雄安新区产业转移，吸引了河北雄县乳胶企业落地开工。

左权乳胶产业园区总投资36.5亿元，整体建成后，年产量可达8万吨，可实现年产值20—40亿元，将成为全国最大的乳胶制品产业基地。目前园区主要以生产气球、医用手套、安全套等乳胶产品为核心，包含包装、印刷、物流、电商等配套衍生产业。项目不仅能为左权带来巨大的经济效益，还能解决1万人左右的就业问题。2022年7月初，园区厂房已改造完成，生产线已进场安装。已有5家企业的14条生产线入园，30条生产线的8家厂商已签订入园协议。

生与虚拟现实、区块链等未来数字产业扩大产业规模，加快推进氢能、核能等未来能源产业完善产业链，加速推进量子、碳基芯片、高速飞车等颠覆性未来产业重大关键技术突破及科技成果产业化进程，不断抢占全国未来产业发展先机，助力全方位推动高质量发展。

目前，山西全面启动未来产业培育工程，积极融入京津冀一体化、长三角、大湾区分工协同以及国家重大战略当中。推动产业规模快速扩大，人工智能产业规模力争突破80亿元，智能传感及物联网产业规模力争突破30亿元，其他七大产业领域产业规模逐步扩大。推动创新平台加快构建，建成5户未来产业领域企业技术中心、新型研发机构。力争到2025年，山西未来产业发展进入快车道，深度融入国家未来产业“双循环”，山西成为我国发展未来产业的先行区。

百舸争流千帆竞，乘风破浪正当时。立足新发展阶段、贯彻新发展理念、构建新发展格局，聚焦“六新”领域，发展壮大战略性新兴产业，必将助力山西在新一轮科技革命和产业革命中抢占先机、赢得未来竞争优势，为实现高质量转型发展提供强大动力。发展壮大战略性新兴产业，山西前景无限，未来可期。

第三章

能源革命谱新篇

——如何以“双碳”目标为牵引深化能源革命?

2022年1月，习近平总书记在山西考察调研期间深入瑞光热电有限责任公司，听取能源革命综合改革试点和企业推进煤炭清洁高效利用、加快传统产业转型升级等工作介绍，并强调，山西作为全国能源重化工基地，为国家发展作出了重要贡献。推进碳达峰碳中和，不是别人让我们做，而是我们自己必须要做，但这不是轻轻松松就能实现的，等不得，也急不得。必须尊重客观规律，把握步骤节奏，先立后破、稳中求进。富煤贫油少气是我国国情，要夯实国内能源生产基础，保障煤炭供应安全，统筹抓好煤炭清洁低碳发展、多元化利用、综合储运这篇大文章，加快绿色低碳技术攻关，持续推动产业结构优化升级。要积极稳妥推动实现碳达峰碳中和目标，为实现第二个百年奋斗目标、推动构建人类命运共同体作出应有贡献。

山西深刻领会习近平总书记关于碳达峰碳中和的重要指示精神，紧紧抓住这一重大历史机遇，下好“先手棋”、打好“主动仗”，坚定担起保障国家能源安全的职责使命，以“双碳”目标为牵引深化能源革命，积极稳妥推动实现碳达峰碳中和目标，为中华民族永续发展和构建人类命运共同体作出新贡献。

一、以“双碳”目标为牵引深化能源革命的时代使命

能源是经济社会发展的重要基石，能源安全关系到国家经济社会发展的战略全局。2022年1月，习近平总书记考察调研山西时指出，能源安全是关系国家经济社会发展的全局性、战略性问题，对国家繁荣发展、人民生活改善、社会长治久安至关重要。山西作为全国能源重化工基地，为国家发展作出了重要贡献。必须尊重客观规律，把握步骤节奏，先立后破、稳中求进。习近平总书记的重要指示，为我们深入推进能源革命和保障国家能源安全，指明了前进方向、提供了根本遵循。

以“双碳”目标为牵引深化能源革命是抢占新一轮能源革命制高点的战略选择

当今世界，以新能源和信息技术融合为标志的新一轮全球能源革命正在孕育发展，可再生能源、智能电网、非常规油气等技术开始规模化应用，分布式能源、第四代核电等技术进入市场导入期，大容量储能、新能源材料、氢燃料电池、可燃冰开发等技术有望取得重大突破。这些新技术、新业态将推动人类能源生产利用

·延伸阅读·

把碳达峰碳中和纳入生态文明建设整体布局

2022年1月24日，习近平在中共中央政治局第三十六次集体学习时指出，推进“双碳”工作，必须坚持全国统筹、节约优先、双轮驱动、内外畅通、防范风险的原则，更好发挥我国制度优势、资源条件、技术潜力、市场活力，加快形成节约资源和保护环境的产业结构、生产方式、生活方式、空间格局。

第一，加强统筹协调。要把“双碳”工作纳入生态文明建设整体布局和经济社会发展全局，坚持降碳、减污、扩绿、增长协同推进，加快制定出台相关规划、实施方案和保障措施，组织实施好“碳达峰十大行动”，加强政策衔接。各地区各部门要有全局观念，科学把握碳达峰节奏，明确责任主体、工作任务、完成时间，稳妥有序推进。

第二，推动能源革命。要立足我国能源资源禀赋，坚持先立后破、通盘谋划，传统能源逐步退出必须建立在新能源安全可靠的替代基础上。要加大力度规划建设以大型风光电基地为基础、以其周边清洁高效先进节能的煤电为支撑、以稳定安全可靠的特高压输变电线路为载体的新能源供给消纳体系。要坚决控制化石能源消费，尤其是严格合理控制煤炭消费增长，有序减量替代，大力推动煤电节能降碳改造、灵活性改造、供热改造“三改联动”。要夯实国内能源生产基础，保障煤炭供应安全，保持原油、天然气产能稳定增长，加强煤气油储备能力建设，推进先进储能技术规模化应用。要把促进新能源和清洁能源发展放在更加突出的位置，积极有序发展光能源、硅能源、氢能源、可再生能源。要推动能源技术与现代信息、新材料和先进制造技术深度融合，探索能源生产和消费新模式。要加快发展有规模有效益的风能、太阳能、生物质能、地热能、海洋能、氢能等新能源，统筹水电开发和生态保护，积极安全有序发展核电。

第三，推进产业优化升级。要紧紧抓住新一轮科技革命和产业变革的机遇，推动互联网、大数据、人工智能、第五代移动通信（5G）等新兴技术与绿色低碳产业深度融合，建设绿色制造体系和服务体系，提高绿色低碳产业在经济总量中的比重。要严把新上项目的碳排放关，坚决遏制高耗能、高排放、低水平项目盲目发展。要下大气力推动钢铁、有色、石化、化工、建材等传统产业优化升级，加快工业领域低碳工艺革新和数字化转型。要加大垃圾资源化利用力度，大力发展循环经济，减少能源资源浪费。要统筹推进低碳交通体系建设，提升城乡建设绿色低碳发展质量。要推进山水林田湖草沙一体化保护和系统治理，巩固和提升生态系统碳汇能力。要倡导简约适度、绿色低碳、文明健康的生活方式，引导绿色低碳消费，鼓励绿色出行，开展绿色低碳社会行动示范创建，增强全民节约意识、生态环保意识。

第四，加快绿色低碳科技革命。要狠抓绿色低碳技术攻关，加快先进适用技术研发和推广应用。要建立完善绿色低碳技术评估、交易体系，加快创新成果转化。要创新人才培养模式，鼓励高等学校加快相关学科建设。

第五，完善绿色低碳政策体系。要进一步完善能耗“双控”制度，新增可再生能源和原料用能不纳入能源消费总量控制。要健全“双碳”标准，构建统一规范的碳排放统计核算体系，推动能源“双控”向碳排放总量和强度“双控”转变。要健全法律法规，完善财税、价格、投资、金融政策。要充分发挥市场机制作用，完善碳定价机制，加强碳排放权交易、用能权交易、电力交易衔接协调。

第六，积极参与和引领全球气候治理。要秉持人类命运共同体理念，以更加积极姿态参与全球气候谈判议程和国际规则制定，推动构建公平合理、合作共赢的全球气候治理体系。

方式发生深刻变革。着眼未来，谁先突破了技术关键，谁就占据了新一轮能源革命的制高点，就抓住了产业革命和经济转型的主动权。山西拥有较好的能源产业发展优势，要在新一轮能源革命中抓住机遇、抢占先机，积极作为、乘势而上，以“双碳”目标为牵引深化能源革命，实现弯道超车，赢得未来发展的主动权。

以“双碳”目标为牵引深化能源革命是保障国家能源安全的重大使命

保障国家能源安全是能源富集区的政治责任和使命担当，事关经济社会发展全局和人民群众切身利益。当前，煤炭仍然是我国的主体能源。山西煤炭资源丰富，煤种全、煤质优，保障国家能源资源供应是山西义不容辞的责任。特别是每当遇到雨雪冰冻灾害或地区能源供应紧张的紧急关头，山西总是第一时间响应党中央号召，闻令而动、冲锋在前，服务大局、奉献担当，努力做到多供一吨煤、多发一度电、多暖一方人。要坚持以“双碳”目标为牵引深化能源革命，统筹抓好煤炭清洁低碳发展、多元化利用、综合储运这篇大文章，进一步提升对国家能源安全和宏观经济稳定的支撑保障能力。

以“双碳”目标为牵引深化能源革命是山西经济高质量发展的必由之路

坚持以“双碳”目标为牵引深化能源革命，是做好“六稳”“六保”的重要支撑，是推动“六新”突破的重点领域，是全方位推动高质量发展的必由之路。目前，山西的能源革命已经上升为国家战略，成为全省高质量发展的重要抓手，这就要求我们要在转型发展中寻找新的比较优势，加快推动能源理念、制度、效率变革，发挥对经济转型的基础性、带动性、保障性作用，让传统能源基地迸发出新的生机与活力。

二、以“双碳”目标为牵引深化能源革命的实践探索

能源保障有山西，能源革命看山西。作为全国能源革命综合改革试点，山西坚决贯彻落实习近平总书记关于能源革命的重要论述和考察调研山西重要指示精神，按照全方位推动高质量发展的总体思路和要求，持续推动传统能源和新型能源优化组合，在继续支持传统能源发挥兜底保障作用的同时，持续提升新能源安全可靠供应能力，为国家稳定宏观经济大盘、推进能源强国建设作出应有贡献。

强化能源保供工作，服务国家战略安全

能源保供工作事关国家经济发展全局和人民群众切身利益。2021年，面对部分地区能源供应紧张、出现拉闸限电的状况，山西站在讲政治、讲大局、讲贡献的

高度，坚决贯彻落实党中央和国务院关于能源保供的决策部署，自觉扛起能源保供的政治责任，发挥能源大省的使命担当，向16个省（区、市）发送电煤4356万吨，圆满完成国家下达的保供任务，以实际行动践行习近平总书记“能源的饭碗必须端在自己手里”的重要指示，为国家能源安全贡献山西力量。山西明确提出稳定保障能源生产、稳定保障电煤供应、稳定保障发电供电，不准拉闸限电、不准搞一刀切、不准随意提价的“三稳”“三不准”能源保供要求，合理组织生产，增加资源供给，组织中长期合同对接签订、兑现，抓好运力调

华远陆港山西地铁集团孝柳铁路“三川河五号特大桥”上，一列满载“吕梁山乌金”的列车飞驰，犹如一条巨龙飞过。

配衔接，全力以赴做好能源供应保障。2021年下半年，山西每月煤炭产量均在1亿吨以上，全年煤炭产量11.93亿吨，增长10.5%。全力稳定和扩大电力外送，重点对接京津冀地区，保障首都用电安全。2022年上半年，原煤产量达到6.4亿吨，占全国的29.2%，排在全国第一位，在能源保供中彰显了山西担当。

推动能源消费革命，促进能源绿色消费

山西持续强化绿色发展理念，牢固树立资源节约集约利用意识，绿色能源消费体系加快构建，能源消费方式和消费结构不断优化。全面落实“双碳”战略，坚决遏制“两高”项目盲目发展，持续优化能源结构，分行业落实节能指标，狠抓钢铁、化工、焦化、有色、建材五大行业能耗双控工作，制订节能改造专项计划，推广先进节能技术，实施能效“领跑者”制度。2021年，山西顺利完成单位GDP能耗下降3.2%的目标任务。

推动能源供给革命，建立多元供给体系

山西着力构建绿色多元能源供给体系，大力优化能源产业结构，能源供给体系质量持续提升。2021年，山西加快存量项目建设进度，风光发电新增并网规模

204万千瓦，列入年度建设规模2000万千瓦；推动整县屋顶分布式光伏开发，26个县被国家列入试点；积极探索氢能、地热能等清洁能源的开发利用。与此同时，开展“新能源+储能”试点。朔州市平鲁、右玉布局独立储能设施，大同、朔州、忻州、阳泉四市在新能源项目中配置10%以上的储能设施，垣曲、浑源抽水蓄能电站加快建设，河津、蒲县抽水蓄能电站列入国家规划。

推动能源技术革命，带动产业创新升级

山西坚持把能源科技创新作为深化能源革命的重

长治市武乡县农光互补产业园，农户们在整齐列阵的光伏板下劳作。

要支撑，以绿色低碳为方向，着力推动技术创新、产业创新、商业模式创新，不断完善科技创新平台体系建设，加强低碳前沿技术研究、减污降碳技术推广应用、绿色低碳技术评估，有效促进了能源技术革命带动产业升级。绿色低碳技术科技攻关和推广应用取得积极进展，能源关键技术攻关进展顺利，煤层气勘探开发、储能等领域的“卡脖子”关键共性技术攻关项目积极推进。积极开展CO_2捕集利用封存技术攻关示范，设立“碳达峰碳中和关键技术研究和示范”重点专项，启动减碳、零碳、负碳技术集中攻关。煤炭行业加快自主创新步伐，将5G、大数据运用于煤炭产业，各大煤炭集团已开展不同场景下机器人的研发应用。2021年，山西煤矿智能化稳步推进，首批10座智能化示范建设煤矿全部建成，1000处智能化采掘工作面全部启动建设，21座煤矿实现5G入井；煤炭绿色开采试点进展顺利，20座煤矿绿色开采试点完工，8座试点煤矿井下矸石智能分选和不可利用矸石返井建设开工。

推动能源体制革命，制定配套扶持政策

山西审议通过碳达峰碳中和行动“1+X”政策编制方

案，在落实煤炭绿色安全开采和清洁高效利用、促进清洁能源消费、强化能源科技创新政策激励等方面出台若干政策文件。煤层气管理体制改革深度破题，出台煤层气勘查开采管理办法和支持战略性新兴产业发展的电价综合性政策。山西电力双边现货市场成为国家电网经营区内启动试运行时间最早、结算试运行时间最长、市场主体类型最全的电力双边现货市场。

加强能源对外合作，拓展经济发展空间

山西充分发挥在全国能源革命中的示范引领作用，紧跟国际能源技术革命趋势，有效利用国际资源，持续深化国际能源领域双边与多边合作，在大功率燃料电池应用、燃气掺氢等众多领域，通过股权投资、联合开发、合作生产等多种方式开展广泛合作，卓有成效。与国际能源巨头、外国友好省州、知名高校、研究机构的合作全面深化。精心打造的太原能源低碳发展论坛，已成为中国与世界各国深化交流、加强合作，共同推动能源高质量发展的主力平台。

三、以“双碳”目标为牵引深化能源革命的发展路径

纵深推进能源革命，保障国家能源安全，是山西奋进新征程、建功新时代的使命担当，是山西全方位推动高质量发展、抓住转型发展重要窗口期的必然要求。山西要当好全国能源革命排头兵，要以能源消费革命和供给革命为核心，以能源技术革命为动力，以能源体制革命为保障，以能源合作为路径，推动能源体系从高碳化石能源为主向低碳能源和非碳能源转型，为实现碳达峰碳中和目标贡献力量。

坚定不移担起保障国家能源安全的职责使命

山西要深刻领会习近平总书记关于保障国家能源安全的重要论述精神，纵深推进能源革命综合改革试点，积极布局矿井产能接续项目，在大力推动煤电机组节能降碳改造、灵活性改造、供热改造“三改联动”基础上，有序开展超超临

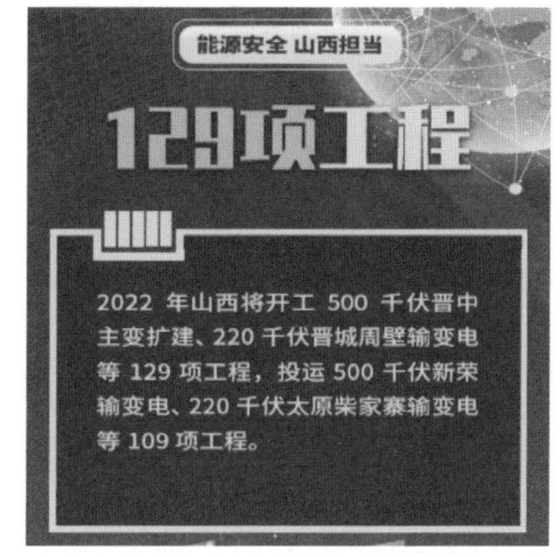

界改造，布局推进一批特高压及外送通道重点电网工程，进一步提升对国家能源安全和宏观经济稳定的支撑保障能力。

坚定不移做好煤炭清洁低碳发展、多元利用、综合储运的大文章

山西要围绕清洁低碳发展，持续深化煤炭供给侧结构性改革，提高先进产能占比，加快推进煤炭智能绿色开采，推动黑色煤炭绿色发展、高碳资源低碳发展。围绕多元化利用，积极探索“分质分级、能化结合、集成联产”的新型煤炭利用方式，加快煤炭由燃料向原料、材料、终端产品转变，推动煤炭向高端高固碳率产品发展。加强焦炉煤气、煤矿瓦斯、大宗固废等综合利用，引导煤电材、煤焦化氢、钢焦化氢等一体化高效循环发展。围绕提升综合储运能力，全力做好煤炭储备，布局建设现代化储煤场，积极推进“公转铁”，发展多式联运、甩挂式运输，让煤炭产供储销体系更加完善，保障更加有力。

坚定不移推动煤电产业清洁高效发展

山西要严控煤电装机规模，分类推进落后机组淘汰

整合。实施煤电机组节能降耗改造、灵活性改造、供热改造“三改联动”，开展超超临界、煤气化联合循环等新型煤基发电技术推广，持续降低发电煤耗。要持续研究和应用推广先进适用技术，推动燃煤发电向高参数、大容量、智能化发展，大幅降低平均发电煤耗，着力提升清洁电力发展水平。2022年5月，出台《山西省煤电项目“上大压小”实施方案》，要通过煤电项目“上大压小”，到2025年底，全省建成百万千瓦机组1000万千瓦以上，新建大机组煤耗低于285克标准煤/千瓦时，促进全省供电煤耗大幅降低。

坚定不移发展新能源和清洁能源

山西要立足提升新能源消纳能力，积极推进能源互联网试点，开展“新能源＋储能”、源网荷储一体化、智慧能源微电网等项目示范，加快推进抽水蓄能电站和新能源汇集站建设，构建以新能源为主体的新型电力系统。统筹考虑电网条件和生态环境承载能力，利用采煤沉陷区、盐碱地、荒山荒坡等资源开展集中式光伏项目。探索立体利用土地发展清洁能源模式，推动分布式光伏、分散式风电与建筑、交通、农业等产业和设施协同发展。要加快推进“新能源+储能”试点，推动储能在可再生能源消纳、分布式发电、能源互联网等领域示范应用。要发挥焦炉煤气制氢等工艺技术低成本优势，有序布局制、储、加、运、输、用氢全产业链发展。因地制宜推进水能、地热能、生物质能、核能等开发布局。

坚定不移推进能源科技创新

当前，以清洁高效可持续为目标的新一代能源技术革命深刻影响着地区发展和国际竞争。山西要立足破解能源产业发展的关键技术瓶颈，加快增加碳汇、发展碳捕集和封存利用技术等技术研究，在煤炭清洁高效利用、碳基新材料、非常规天然气、氢能等领域开展科技攻关，晋华炉、T800级高端碳纤维、石墨烯等一批关键技术研发和推广应用取得新突破。加快怀柔实验室山西基地、煤基能源清洁高效利用国家重点实验室建设，持续加强重点领域技术攻关和推广应用，不断提升能源科技创新能力。

坚定不移深化能源体制机制改革

山西要全面落实党中央、国务院《关于完整准确全面贯彻新发展理念、做好碳达峰碳中和工作的意见》，加快研究制定山西有关实施意见方案等文件，构建碳达

中国能建山西平定全牛风电场220kV升压站的工作人员正在监控风电机组运转情况。

峰碳中和“1+X”政策体系，为有序实施碳达峰山西行动提供有力支撑。要持续深化电力体制改革，深化增量配电网改革，推动分布式发电、储能等新型电源公平接入配网。要以深化煤层气勘查开采管理体制改革为突破，加快实现煤与煤层气共采，开展“三气”综合开发试点，稳妥推进废弃矿井煤层气抽采试验。要完善节能制度体系，推进用能预算管理，探索建立用能权初始分配和有偿使用交易制度。要主动应对气候变化，实施碳达峰山西行动，以市场化机制和经济手段降低碳排放强度。

运城市芮城县大力发展光伏发电。

要深入推进电力现货交易试点，构建“中长期+现货+辅助服务”有效衔接的现代电力市场体系，发展绿色金融，用好能源转型发展基金，推动能源体制机制改革向纵深发展。要完善差别化用能价格政策，加强差别化电价、气价与强制性节能标准的衔接。

坚定不移推进能源国际合作

山西要持续提升太原能源低碳发展论坛的国际影响力，全力打造国家级、国际化、专业化平台，办好中国（太原）国际能源产业博览会，为全球能源革命提供山西经验，贡献山西智慧。要加强跨区域能源合作，积极融入京津冀能源协同发展行动，加强与华北、华东等区域互动合作。要完善区域能源协作和利益补偿机制，扩大清洁能源外输。要积极推进能源企业参与“一带一路”国际合作，推动能源装备、技术和服务“引进来”“走出去”，拓展国际产能合作新空间，提升能源企业全球化水平。

第四章

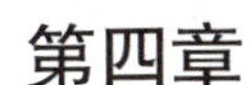

现代服务焕新貌

——如何推动服务业提质转型，实现高端融合发展？

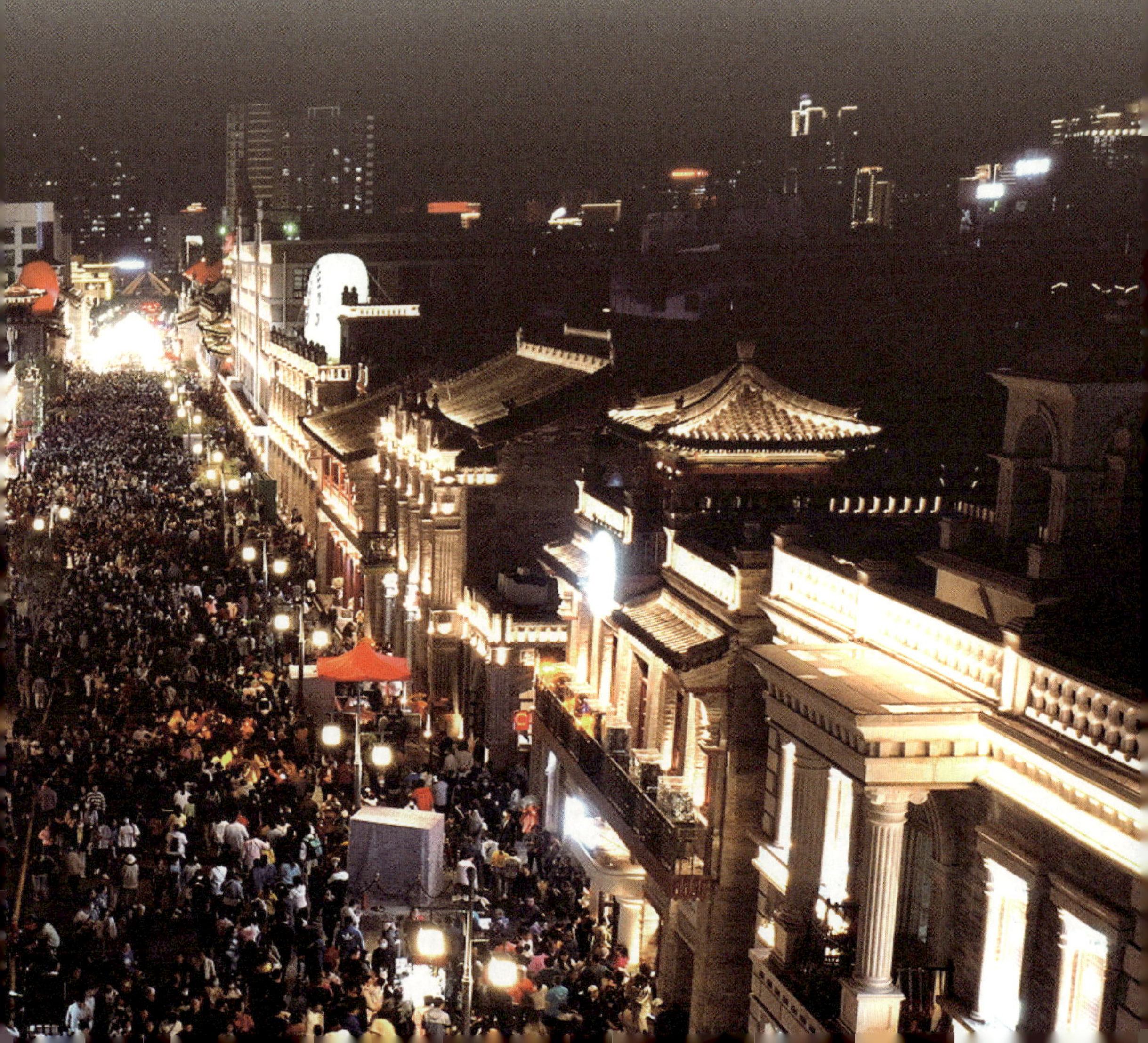

开明照相馆、亨得利、钟楼、按察司牌楼、说书楼、百年邮局……漫步在太原钟楼街，看着街道两侧的建筑，让人仿佛置身于历史长廊。这条千年古街见证了这个城市的发展和变迁，记录了这座城市的阴晴与圆缺。俗话说："不逛钟楼柳巷，枉来太原一趟。"2021年9月，经过提质改造的钟楼街再现古韵风貌、重新开街。如今的钟楼街，人潮涌动，活力无限，再次成为省城太原的一张靓丽名片。

习近平总书记指出，支持传统产业优化升级，加快发展现代服务业，瞄准国际标准提高水平。要推动互联网、大数据、人工智能和实体经济深度融合，加快制造业、农业、服务业数字化、网络化、智能化。新时代呼唤新动能，新动能助力新发展。山西始终把服务业发展作为产业结构转型升级的重要方向，着力推动现代服务业提质转型，努力打造山西经济发展新的增长极。云计算、大数据、电子商务等现代服务业加快发展，网络购物、在线医疗、共享经济等新业态新模式迅速兴起，成为支撑经济社会发展的重要力量。

一、提质增效，彰显现代服务业转型升级新担当

服务业占据经济总量的半壁江山，一头连着经济发展，一头连着民生福祉，地位举足轻重。山西坚持把推进服务业提质增效摆上战略位置，深入实施服务业提质增效十大行动，持续营造良好政策环境，不断加大创新支撑力度，努力提高现代服务业发展水平和质量，为全方位推动高质量发展提供重要支撑。

·知识链接·

服务业提质增效十大行动

◎消费提质扩容行动
◎乡村e镇培育行动
◎大力支持网络货运发展行动
◎金融提振赶超行动
◎房地产优服务促稳定行动
◎数字化场景拓展行动
◎文旅体高质量发展行动
◎提升科技成果转移转化服务行动
◎养老惠民提升行动
◎人力资源服务业高质量发展行动

对提升全省经济总量举足轻重

服务业是国民经济的稳定器和助推器。“十三五”以来，山西服务业增加值占全年地区生产总值的比重连续多年超过50%，对经济增长贡献率年均达到64.3%，成为拉动全省经济增长的主引擎。2021年，山西服务业增加值顺利迈上1万亿元新台阶，增速达8.3%，为山西经济总量跨上2万亿元台阶作出了积极贡献。

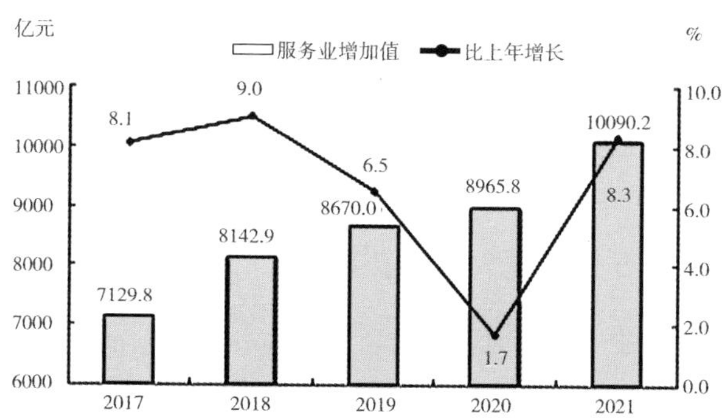

2017—2021年全省服务业增加值及其增长速度

对产业结构调整优化至关重要

现代服务业是现代产业体系的重要组成部分，是加快转变经济发展方式的有效举措。随着新一轮科技革命和产业变革深入发展，5G、人工智能、大数据、云计算、物联网等新一代信息技术不断突破和广泛应用，催生出新的服务业态和模式。产业结构优化升级是关乎全局、整体、长远的大事，关乎能否抢占未来服务业新高地，形成新的增长动力和比较竞争优势，为融入国内国际服务业高端产业链条提供更多机遇。

山西全方位推动高质量发展必须通过改造提升传统产业、发展壮大新兴产业，全力促进产业结构的调整优化，聚焦战略重点，努力在有创新性、超前性、先导性、引领性和基础性的产业领域打造集群，为构建支撑高质量转型发展的现代产业体系奠定坚实基础。

运城市盐湖区金井乡，高速公路、村庄民房与盛开的桃花、梨花交相辉映。

2021年，山西三次产业增加值分别增长8.1%、10.2%、8.3%，齐头并进、协同发展，不断推动产业结构的优化升级。其中，服务业固定资产投资占全省比重由51.2%上升到57.1%，年均增速达到8.5%，对优化投资结构、促进全省转型升级发挥了定盘星作用。

顺应人民群众追求高品质生活的需要

随着我国经济已由高速增长阶段转向高质量发展阶段，居民消费结构升级的特征十分明显，从生存型消费加快向发展型、享受型消费转变，人民群众的消费模式不断向高品质生活迈进。高品质生活体现的是消费结构、消费模式和消费观念的变化。网络订餐、线上购物，共享经济、数字经济改变着我们的生活方式，文化、体育、健康成为新的消费宠儿。多种多样的幸福产业走进千家万户，新技术、新服务密集推出，新模式、新业态竞相涌现，这些是服务业提质转型、实现高端融合发展的见证。

为了顺应居民追求高品质生活的需要，山西通过增加生活性服务业有效供给，提升服务质量，加快发展健康、养老、育幼、文化、旅游、体育、家政、物业等服务业，加强公益性、基础性服务业供给，更好地满足了人民对高品质生活新期待。山西的服务消费增速明显快于商品消费，其中网络消费快速增长，成为稳增长、保就业、促消费的重要力量，同时带动快递业务规模快速壮大。

超市琳琅满目的商品满足了市民的高品质生活。

·数说山西·

2021年山西服务业增加值10090.16亿元，按不变价格计算，比上年增长8.3%。其中，批发和零售业增加值1618.51亿元，增长6.1%；交通运输、仓储和邮政业增加值1209.41亿元，增长9.7%；住宿和餐饮业增加值214.59亿元，增长17.8%；金融业增加值1284.00亿元，增长4.9%；房地产业增加值1231.21亿元，增长8.3%；信息传输、软件和信息技术服务业增加值502.38亿元，增长11.8%；租赁和商务服务业增加值293.35亿元，增长4.8%。全年规模以上服务业企业营业收入增长32.8%。

数据背后，展现了山西现代服务业蓬勃发展的良好势头，生动诠释了人民群众对高品质生活的追求。

二、勇闯新局，谱写现代服务业转型升级新篇章

2021年以来，山西服务业规模日益壮大，质量效益大幅提升，新业态新模式快速涌现，人民群众幸福感持续增强，市场信心不断提振。全省快递业务总量超过30%，高速铁路里程2022年将达到1100公里，电子商务和移动支付交易额不断增长，智慧商店、互联网医疗、线上办公、数字文化旅游、智能体育等领域蓬勃发展。

生产性服务业蓬勃发展

从线下到线上，“花钱买服务”已经成为山西人

日常生活的重要部分。生产性服务业是服务业发展的主攻方向之一，可以有效激发内需潜力、带动扩大社会就业、持续改善人民生活，有利于引领产业向价值链高端提升，实现服务业与农业、工业等在更高水平上有机融合，推动经济提质增效升级。

打造“电商+”农业新模式。走在太行山区武乡县岭头村的“微商路”上，映入眼帘的是村民家门口的售货二维码，耳边不时传来村民直播带货的叫卖声，“三晋微商第一村”的浓厚氛围扑面而来。手机成为新农具，直播成为新农活，流量成为新农资。在岭头村，放下锄头、拿起手机开了微店的农民有100多人，他们通过做直播、拍短视频来推广销售，使得当地农特产品搭上电商快车飞出了大山，走进了市场。农产品借助互联网就能找到买家，农户的腰包越来越鼓，一部小手机打开了致富门。

政府搭台电商唱戏。通过政府股权投资、贷款贴息、以奖代补等方式，全省累计建设38个冷链物流集散中心、14个综合性加工配送中心，改扩建40座冷库，形成了农产品加工生产、冷链物流、仓储配送和信息服务等功能的农产品流通网络。随着互联网的发展，山西农村电子商务蓬勃发展，“微商村”“淘宝村”如雨后春笋般破土而出，已成为巩固拓展脱贫攻坚成果和推进乡村振兴的新业态、新支撑、新引擎。

·特别关注·

培育农村电商强县和电商强镇

为了进一步助推电商产业提质升级，山西选树阳曲县、云州区、高平市等11个县（市、区）为农村电商强县；筛选娄烦县静游镇、陵川县崇文镇、怀仁市金沙滩镇等100个乡（镇）为农村电商强镇。这些强县和强镇在公共服务、物流配送、人才培养、品牌培育、网络营销、农村消费、产业发展等方面率先发力，起到了很好的示范引领作用。

构建现代物流新体系。巨幅大屏上不断闪动的数据实时显示着货物热力分布图、车辆热力分布图等；宽敞的开放办公区，工作人员正聚精会神地通过电脑管理着100多万辆货车；布置雅致的会议室内，全国各地前来考察的企业代表正热烈地交谈着……位于山西综改示范区清控创新基地的山西网络货运数字产业园内一派热火朝天的景象。凭借一站式全链条服务，该产业园吸引300家企业入驻，创造产值百亿元，构建起由网络货运为主导、关联产业蓬勃发展的工业互联网生态。在经济全球化和电子商务的双重推动下，物流与科技相互碰撞，产生了新的能量，以往多靠人力的物流行业，正在从传统物流向着更加现代更加智能的方向升级。现代物流业作为山西重点发展的营业收入过千亿元的战略性新兴产业，2021年山西社会物流

·政策学习·

《山西省现代物流企业发展壮大2022年行动计划》

《山西省现代物流企业发展壮大2022年行动计划》提出，要聚焦运输、仓储等基础性环节，推动降低物流综合运营成本，实现社会物流总费用与国内生产总值（GDP）的比率下降0.2个百分点左右；做优做强龙头企业，培育新增10家以上A级物流企业，推动国家多式联运示范工程取得新突破，培育集装箱多式联运经营主体取得新进展；深化物流业与农业、制造业及商贸融合强度，增强多业融合竞争力；做强网络货运新业态，加快智慧物流园区试点建设进程。同时，以“百企互联、百园互通、多业互融”为重点，聚焦提升物流业支撑能力建设。

总额达4万亿元以上，物流业景气指数高于全国1.4个百分点，太原、大同、临汾成为国家物流枢纽承载城市，基本形成适应产业发展和群众需求的物流体系。

培育各种金融新业态。邮储银行山西分行探索“协会+银行+农担”服务方式，对产前农资采购、产中耕作管理、产后收购加工销售等全流程给予金融支持，有效地畅通了农户资金链、托起了农业产业链。金融活、经济活，金融稳、经济稳。大数据、区块链、云计算、人工智能等数字科技不断向金融领域渗透，与数字经济高度契合的数字金融应运而生，涵盖了传统金融的数字化、移动化以及互联网金融等领域，并逐步成为带动经济社会高质量发展、提升竞争力的新引擎。

生活性服务业增速换挡

生活性服务业直接关乎人民群众的衣食住行，关乎稳增长、扩内需、促就业、惠民生的大局。近年来，山西着力提升生活性服务业的质量和水平，更好地满足人民群众日益增长的物质和文化需求，不断在加快发展生活性服务业上下功夫，不断推动现代商贸、文化旅游、体育休闲、家庭服务、养老服务等产业提升品质，打造“山西服务”的品牌标志。

网上“云赶集”，消费新亮点。位于太原武宿综合保税区的华远陆港跨境电商产业园的展示体验中心购物专区内，琳琅满目的进口美容化妆品摆满了货架。而在不远处的保税仓内，“陆港汇”电商平台的工作人员正在紧张地分拣货物，一个个快递包裹正在装车准备发往全国各地。像这样的直播带货、线上拼团、门店到家……随着新业态、新模式加速创新，线上消费活力迸发，实物商品网上零售对消费品市场增长贡献率继续提高，满足了老百姓的生活需要。

总有一家便利店，耐心地留着一盏灯。作为贴近消费者生活的零售业态之一，便利店发挥着服务民生、便利消费的重要作用，被誉为“城市之光”，迎接着每一

太原便利店指数连续五年稳居全国前三，图为唐久便利门店。

位早起的上班族，以及晚归的夜行人。2021中国城市便利店指数显示，太原排名第三，而且是已连续5年稳居全国前三。买东西、吃早餐、交水电燃气费、充话费、寄收快递、刷脸支付、打印复印，在太原每300—500米就有一家便利店，从便利延伸至便民，服务越来越接地气。

银鱼落水翻白浪，柳叶乘风下树梢。山西特色面馆里，面艺表演师傅正在为店内就餐的客人展示刀削面技艺，精彩的表演引来阵阵掌声。人们坐在充满历史设计感的古朴餐厅内，欣赏纯正的山西民歌和民俗表演，听到更多山西特色菜品和山西面食背后的故事，感受着悠久的山西文化。面食是山西人的魂，宁可三日无肉，不可一天没面。山西有多少种面食，恐怕一般人还真说不清楚。民以食为天，餐饮服务业自古以来就是朝阳产业。它是区域经济运行的晴雨表，更是提高城市品位、提升人民群众幸福感和获得感的重要组成部分。面对疫情的冲击，为更好地服务消费者，山西餐饮业不断研发线上产品，拓展线上销售，采用“社区团购+集中配送”“中央厨房+线下配送”“无接触配送”“餐饮+零售”等新发展模式，进一步推动了居民的在外饮食消费，满足了居民多样化的消费需求。

一城灯火，繁华归来。徜徉于家门口的特色街区，享受便捷、惬意的生活；落日余晖中，结伴出行，观璀璨夜景、赏精彩演艺、品丰富美食；休闲之余，欣赏首店新品，提升生活品质，感受满满国际范儿。随着太原夜经济的兴起，一幅全新的“龙城夜宴图”正在徐徐展开。华灯初上，走进钟楼街，青砖缀彩，古风悠然，古老与时尚交融，历史与现代重逢。漫步太原古县城，丰富多彩的街头演艺，精彩刺激的民间杂耍，街道两侧极具特色的文创小店、美食铺子、非遗体验馆等不同的夜间消费业态，多姿多彩。食品街上灯影憧憧，琳琅满目

璀璨晋阳里

的摊位，热气腾腾的美味，热闹非凡。感受了夜幕下的繁华、灯影中的绚丽、人潮涌动的欢乐，很多外地人笑着说“很有魅力，很喜欢”。太原的夜经济从“含苞欲放”到“百花齐放”，有文化的夜生活已然成为一种风尚，将“不夜龙城”打造成为当之无愧的太原新名片，使我们的城市更有温度，让市民的幸福更有质感。

幸福养老，照进现实。每到中午11时30分，新南二社区食堂都会飘出饭菜香。“有炸酱、小炒肉、打卤，面条、米饭，还有过油肉、鱼香肉丝……我们闻着香味就来了。”七旬夫妇张大爷和李阿姨来到社区食堂，一人一碗打卤面、一盘凉菜，再来一份汤，两份午饭一共16元。在社区食堂就餐，60岁以上老年人可享九折优惠，80岁以上老年人享八八折优惠。社区食堂还为失能、半失能或高龄老年人提供免费上门送餐服务，深受老年人欢迎。与张大爷老两口不同，87岁的王大爷每天上午9点走出家门，步行几分钟来到起凤街社区易照护养老服务中心，开始他一天的生活。建在社区里的小型养老院，虽然面积小，但设施齐全，环境整洁温馨，可以就近辐射有需求的老年人家庭，老年人不出社区，就能享受到专业化、便利化、个性化的居家养老服务。太原还开发了智慧社区养老云平台，研发了社区养老便民

朔州市怀仁市居民社区为65岁以上老年人做免费健康体检。

服务一体机，开通了“12349”社区居家养老服务热线，形成“线上+线下”一体化居家和社区养老服务模式。如今，随叫随到、触手可及的智慧养老已经悄然走进百姓生活，更好地服务于广大老年人多样化的养老需求。

非营利性服务业加快发展

在阳光的映衬下，太原滨河自行车道宛如两条红色丝带“镶嵌”在汾河两岸，形成了路在景中、景在路中、路景一体的骑行环境。市民骑车出行，穿梭于碧波绿荫间，尽情享受低碳出行、绿色生活。近年来，山西不断加快发展非营利性服务业，在一般公共服务、公共安全、教育、科技、社会保障和就业、卫生健康、节能环保、城乡社区等领域加大投入力度，提升服务质量，让人民群众共享高质量发展成果。

·政策学习·

《关于开展全省社区学习中心标准化建设的通知》

山西发布《关于开展全省社区学习中心标准化建设的通知》，明确从2022年起，用3年时间在全省开展街道（乡镇）社区学习中心标准化建设。在学校建制、经费投入、人员配置、校舍设施等方面按有关规定予以落实。重点推动街道（乡镇）社区学习中心基础建设，加大硬件投入，通过标准化建设，整体提升街道（乡镇）社区学习中心办学水平。各地教育行政部门要将开展社区学习中心标准化、规范化建设纳入区域教育发展的总体规划，全面谋划、稳步推进，组建相应的工作机构和机制。

每年8月底前，街道（乡镇）社区学习中心可自行向教育行政部门申报标准化验收，山西省教育厅组成社区教育专家组，对申报单位资格进行综合考查评估。区县教育局可对获得标准化、规范化评估优秀的学习中心给予适当奖励，鼓励各学习中心不断提升办学能力。

教育发展更完善。一根高速光纤、几个摄像头、一块大屏幕，几百公里的空间限制就此打破。“同学们，我们今天学习《文房四宝》，请看大屏幕……”当临汾市第一小学三年级的陈老师话音刚落，同时在线听课的晋中市左权县麻田中心学校、吕梁市方山县积翠小学、忻州市岢岚县桃园昇实验小学的教室里响起了一片惊叹声。山西大力发展融合化在线教育，全力实施教育“十大提升行动”。通过充分发挥高速光纤传输网络技术优势，深耕教育领域，大力发展网上教育融合产品，“晋享云课堂”等线上课堂应运而生，形成一系列高质量线上教育资源供给。与此同时，广泛开展继续教育和培训，大力发展职业教育，推广服务类专业现代学徒制人才培养模式改革，开展现代服务业“1+X”证书试点工作。不断加强优质教育资源建设。鼓励各级各类院校加大对课程信息化建设的经费投入，探索教育优质资源开发与应用，促进办学资源共建共享、创新要素汇聚融合，全力打造一流创新生态，提升服务转型综改能力。山西依托社会力量兴办各类教育资源，立足服务转型发展，完善教育培训体系，优化人才培养模式，提升教育培训服务品质，构建完善教育服务大产业链条。

医疗水平获提升。近年来，山西通过优化整合县域医疗资源，激发了基层医疗机构内生发展活力；始终坚

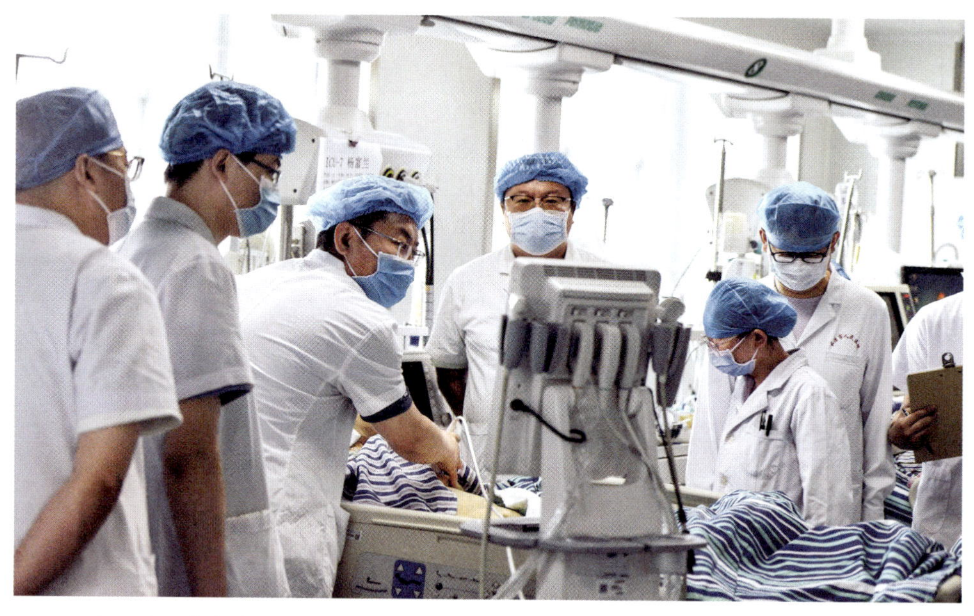

医务人员正在为患者做相关检查。

持“强基层”目标不动摇，着力夯实了基层医疗卫生基础；通过持续推进优质医疗资源下沉，全面提升了县乡医疗卫生服务能力，不断增强群众的获得感、幸福感。通过重构县域医疗卫生服务体系和分级诊疗格局，打造县域综合医改“山西模式”，走在了全国医改的第一方阵。

体育惠民办实事。在蓝天白云映衬下，一名追风少年脚踩滑雪板，自由驰骋在冰天雪地里，演绎着速度与激情。北京冬奥会像一颗火种，不仅点燃了人们对冰雪运动的热情，也让全民健身的氛围愈发浓厚。在三

山西群众冰雪运动蓬勃发展。

晋大地，无论是城市还是乡村，无论是社区、公园还是球场、自行车道，处处闪现着人们运动的身影。踢球、跑步、舞剑、骑行……体育，越来越成为“你我的体育”，成为人们生活中的“刚需”，为社会带来无限活力。山西群众体育蓬勃发展，越来越多的人加入健身大军，全民健身已成为“健康山西”新风尚。2021年以来，山西通过统筹全民健身场地建设，新建和改扩建形式多样、亲民便民、休闲健身的社区全民健身中心，极大满足了人民群众的健身需求。通过持续不断的全民健身活动，洋溢着对美好生活的热爱和追求，展现出昂扬向上的精神风貌。

三、多措并举，增强现代服务业提质转型新动能

“十四五”时期是山西转型发展的窗口期和关键期，推进服务业全面提质增效发展，对加速构建现代产业体系具有重要意义。2021年，山西省第十二次党代会及全省服务业提质增效推进大会为服务业发展指明了前进方向和发展路径。

促进生产性服务业高端化发展

聚焦产业转型，以服务先进制造业发展为导向，促进生产性服务业高端化发展。

做大做强现代物流业、科技服务业和现代金融业。通过发展“互联网+物流”、共享物流、枢纽物流、绿色物流、供应链物流、“虚拟”产业园等物流新业态，不断壮大科技服务业主体，培育具有较强竞争力的科技服务机构和龙头企业，发展科技服务业新业态，创造科技服务大需求，建设科技服务业大市场，构建覆盖科技创新全链条的科技服务体系。同时立足服务实体经济，着力优化产业布局，打造良好金融生态，形成各类机构体系完整、布局合理、定位明确、作用有效、运行规范的金融业发展格局。

抢占新兴服务业新高地。发挥比较优势，率先发展具有较强潜力和高成长性的信息服务业、高端商务服务业、节能环保服务业和通航服务业。以“智慧山西”建设为引领，实施网络强省战略，形成一批在全国有影响力的数字技术应用先导区，助力山西大数据产业跃居全国第一方阵；推动商务服务专业化、规模化、国际化，培育功能完善的高端商务服务中心；形成市场竞争

市民对展示飞机格外关注，纷纷驻足观看。

力强、结构布局合理、功能完备的节能环保服务体系。

培育农业生产性服务业新引擎。未来山西将以服务农业全产业链、打造现代化农业产业体系为导向，大力发展多元化多层次多类型的农业生产性服务，拓展服务领域，培育服务组织，创新服务方式，创建全国有机旱作农业特色品牌。深化农业生产托管，培育服务主体，拓展服务领域，创新服务方式，增强农业生产性服务业对现代农业的全产业链支撑。

促进生活性服务业品质化发展

随着居民消费品质、消费需求和消费水平的提高，扩大内需、消费升级成为经济持续健康发展的重要条件。这就需要在扩大消费上聚焦发力，促进生活性服务业品质化发展。

打造文旅新地标。推动更多独特文化资源、人文景观、自然风光转化为高品质旅游产品，形成全省域、大文旅深度融合发展格局，打造文化强省和国际知名旅游目的地。推出富有山西特色的文旅融合产业，发展“文旅+”产品新业态，推行“景区+民俗文化”等新模式。让丰富多彩的文旅产品深入人心，让“华夏古文明，山西好风光”走向世界。

打造康养新品牌。要把“康养山西、夏养山西”品牌推向全国，加快建立覆盖全生命周期、形式多样、结构合理的康养产业体系，打造全国重要康养目的地。逐步构建“1小时交通”康养都市圈，加快联动发展，形成山西康养核心区。要打造大同—朔州、长治—晋城两个康养产业片区，培育多个康养产业支撑点，构建全省域、大康养产业发展新格局。

重塑生活性服务业新优势。积极推动商贸服务、家庭服务、体育服务、教育培训、托育服务和房地产业等六大生活性服务业转型升级，促进传统服务业焕发新活力。促进线上线下深度融合，发展多元业态，推动商贸服务体系重构、功能提升；健全城乡居民家庭服务体系，全面提升山西家庭服务业的供给规模和服务质量；加大体育产品供给，做强体育产业，丰富体育业态，促进体育消费；完善教育培训体系，优化人才培养模式，提升教育培训服务品质，构建完善教育服务大产业链条；健全托育服务的政策法规体系和标准规范体系，建成形式多样、管理规范、服务优质、覆盖城乡的婴幼

晋城市陵川县村民手绘墙画扮靓新农村。

儿照护服务体系；因城施策，培育住房消费，不断改善人民群众住房条件和居住环境，促进房地产市场与经济社会协调发展。

·特别关注·

山西首批省级夜间文化和旅游消费集聚区

◎太原古县城
◎太原市迎泽区钟楼步行街
◎太原方特东方神画
◎大同开源一号文化创意产业园
◎应县木塔夜间文化和旅游消费集聚区
◎忻州古城
◎平遥古城景区
◎潞州区城隍庙广场
◎阳泉记忆·1947文化园
◎襄汾丁陶风情街文化旅游景区
◎晋城南大街步行街区
◎高平“梦回长平”不夜城街区
◎晋城司徒小镇景区
◎岚山根·运城印象
◎运城平常街
◎静乐生活·不夜鹅城街区（创建单位）

实施六大工程，提升现代服务业供给质量

现代服务业提质增效，必须以改革创新为根本动力，以深化供给侧结构性改革为主线，提出实施市场主体培育、集聚区拓展、服务业数字化、融合发展、标准化建设和平台载体提升等六大工程。不断推动服务业高质量发展，提升全省服务业发展核心竞争力。

一是壮主体。做大做优山西服务业旗舰企业，构建“1+1+N”服务业发展体系，以旗舰引领带动上下游优势企业发展壮大。

二是抓集聚。优化布局省级现代服务业集聚区，围绕科技服务、现代物流、文化旅游、现代金融等重点领域，创建形成50家左右特色鲜明的省级服务业集聚区。

三是数字化。开展数字赋能行动，推动传统企业数字化、网络化、智能化转型，创建数字化创新示范园，打造一批具有互联网思维的服务业企业。

四是强融合。开展服务型制造示范企业和服务型制造示范城市创建。推进生产型制造向服务型制造转变，打造“平台+模块”“服务+制造”的网络化协同生产服务体系。

五是定标准。围绕服务业重点领域，鼓励有条件、基础好的服务业组织主导或参与国际标准、国家标准、行业标准的制修订工作。充分发挥“标准化+”效应，推动标准化在服务业各领域普及应用和深度融合。

六是建载体。打造一批服务业创新平台载体，共建一批检验检测、认证认可、知识产权等专业性公共服务平台和集创业孵化、信息查询、研究开发等多功能于一体的综合性公共服务平台。

第五章

闲云潭影日悠悠

——如何推动文旅康养业提档升级？

一年一度的深圳文博会，素有“中国文化产业第一展”之称，是中国文化产业的风向标，更是中国文化产业的检阅台，要想脱颖而出，必有“独特风景”。在第十七届深圳文博会上，山西《复兴路上国宝归来》特展成为焦点。特展呈现了近百年来第一件从日本回归天龙山石窟的珍贵流失文物“第8窟北壁主尊佛首”1∶1复制品，全方位讲述了天龙山石窟文物流失与回归历程，集中展现了山西文物修复保护、调查研究、文创开发的最新成果。在守护文化根脉基础上，让文化遗产与高科技完美融合，呈现的山西故事吸睛无数，助力山西优秀传统文化成功“出圈”。

习近平总书记在山西视察时指出，历史文化遗产是不可再生、不可替代的宝贵资源，要始终把保护放在第一位，让旅游成为人们感悟中华文化、增强文化自信的过程。山西历史文化积淀深厚、地上文物资源富集，自然风光秀丽多姿、大好河山气候宜人，生态环境面貌一新、营商环境持续优化。山西将继续把弥足珍贵的文化资源保护好、传承好、利用好，充分挖掘取之不尽、用之不竭的文化“富矿”，建设国际知名文化旅游目的地，打造中国文化传承弘扬展示示范区，用璀璨文化之光照亮高质量发展之路。

一、转型发展蓄势能，深入发掘文化资源不竭富矿

文化兴国运兴，文化强民族强。加快建设新时代文化强省，是山西全方位推动高质量发展的必然要求。山西围绕建设国际知名文化旅游目的地，着眼打造国家全域旅游示范区，充分用好山西丰富的文旅资源，加快推动文旅康养产业融合发展，为全省经济增长添加新动力。

推动高质量转型发展的“新引擎”

五千年华夏文明看山西，十余载转型发展看山西，

秋日艳阳下的太原植物园园艺小镇色彩斑斓。

·特别关注·

飞岭村的“蝶变”

“飞岭飞岭穷山窝，全村人口八百多，土地少来荒滩多……”这是曾经的临汾市安泽县飞岭村。如今，走进飞岭村，一派美丽的山水田园风光映入眼帘，农家小院幽雅别致，木屋步道相映成趣，乡愁古韵流淌其中，百姓脸上洋溢着幸福的笑容。飞岭村已入选全国乡村旅游重点村、山西省首批4A级乡村旅游示范村。

文旅融合发展是飞岭村蝶变的“催化剂”。当全域旅游的理念逐渐兴起，发展的思维定式瞬间被打破。飞岭人把目光瞄准了独特的山水资源，瞄准安泽县打造沁河生态活力景观带机遇，在县文旅局支持下，将“生态农业院士工作站”落地飞岭。按照农业田园化、农村景区化、农旅一体化的思路，有序对村设施升级改造，打造充满乡村元素的亮丽景点。涵盖休闲采摘、荀子游学等一体化发展的综合旅游服务链逐步完善，满足不同人群一站式乡村旅游体验。房屋入股得红金、景区管理得酬金、生产经营得薪金，通过旅游带动，全村近1/4的村民吃上“旅游饭”，户均增收6000余元。

临汾市安泽县飞岭村荣获“中国慢生活休闲体验村”“中国美丽休闲乡村”等称号。

新时代能源革命看山西。“双碳”战略是党中央作出的重大战略决策，山西实现“双碳”目标任务艰巨。文旅康养产业是典型的低碳经济、绿色经济，具有资源消耗低、环境污染小的特点。站在“十四五”新的历史起点上，文旅康养产业面临新的发展机遇，把文旅融合作为转型发展的重要抓手，深入挖掘“地上”资源，对于山西布局绿色产业、推进新旧动能转换具有十分重要的意义。

作为改善民生的富民产业，文旅康养产业一头连着经济发展，一头连着民生福祉，覆盖面广、产业链长，关联产业众多，具有“一业兴，百业旺”的乘数效应，发展前景十分广阔。大力发展文旅康养产业，既可以更好地保护绿水青山，又可以为全省经济发展提供新的增长点，起到保障和改善民生的积极作用，打通“两山”转换通道，逐步成长为推动实现高质量发展的强大新动能，为资源型地区经济转型发展打造“山西样板”。

打造文化高质量发展的“金名片”

“人说山西好风光，地肥水美五谷香。”山西遍地是文化富矿，处处是旅游资源，独特的山水风光和深厚的历史文化底蕴，赋予了山西发展文旅康养产业得天独厚的资源禀赋。三晋大地，表里山河，素有“中国古代

云冈石窟第5窟主佛像

文化博物馆”之称。五千年华夏文明绵延不绝，在这里留下无数珍贵印记。遍布全省的历史文化遗产，古建遗存独步华夏，雄关隘口星罗棋布，晋商传奇闻名中外，红色基因薪火相传。

山西承载着悠久历史发展脉络，彰显着古老文明无穷魅力，同时也担负着在发展中保护、在保护中发展的重任。把历史文化资源保护好，把中华民族的文化根脉延续好，是山西作为历史文化资源大省肩负的时代使命。因此，要打好手中的资源禀赋牌，把弥足珍贵的文化资源保护好、传承好、利用好，持续推进文旅康养产业提档升级，加快新时代文化强省和国际知名文化旅游目的地建设步伐，努力让山西文化“活”起来、旅游“火”起来、形象“靓”起来，助力山西文化大步走出去，奋力打造山西文化高质量发展的“金名片”。

提升三晋人民生活品质的“助推器”

文化甘霖润民生。文旅康养产业的发展是人民生活水平不断提高的重要指标。全面建成小康社会目标实现后，我国经济社会快速发展、物质水平不断提高，人均国民收入已超过1万美元，人民群众消费能力大幅提

忻州古城流光溢彩，演员正在城楼下表演仿古乐舞，为佳节平添一份悠悠古韵。

高，三晋人民希望过上高品质生活的愿望更加强烈，文旅康养产业消费需求旺盛。随着新冠肺炎疫情的爆发，出国游暂时受限，高品质旅游和中高端消费潜能开始在国内释放，构成了山西文旅康养产业发展的危中之机。

五千年文明孕育下的山西，推进文旅康养产业提档升级正当其时，也必将大有可为。要坚持把社会效益放在首位、社会效益和经济效益相统一，将文化和旅游供给侧结构性改革与人民日益增长的美好生活需求相结合，推动文旅康养产业从外延式增长向内涵式提质转变，打造高质量供给体系和高端消费的载体，通过自驾游、研学游、低空游、体育游、工业游等新业态，更好地满足人民群众多层次、分众化、高品位文化需求，持续增强人民群众的获得感、幸福感。

二、文旅融合结硕果，充分展现文化大省使命担当

为进一步推进文旅康养产业提质增效，山西不断在补齐短板上出真招，在优质旅游上下功夫，积极探索各类要素有机整合，在示范引领、业态融合、市场营销等

方面抢占先机，重点项目建设扎实推进，基础设施配套持续改善，产业格局深刻重塑，不断丰富着“山西好风光”时代内涵。新时代的山西文旅康养产业成为更多人心中的诗和远方。

战略定位更加明确

山西文旅康养产业充分发挥顶层设计的高位聚能作用，进一步明晰文旅融合实践路径。山西立足新发展阶段、坚持新发展理念，紧扣扩大内需战略基点，充分发挥文化大省优势，推进文化铸魂和文化赋能，促进旅游消费、发挥旅游带动作用，推进康养生活、发挥康养延展作用。统筹推进以文化人、以文惠民、以文兴业，坚持打造中国文化传承弘扬展示示范区；做优做深文旅融合发展大文章，推动国家全域旅游示范省创建，打造国际知名文化旅游目的地；依托优势康养资源，建设全国山岳型夏季康养重地。

山西编制实施了《“十四五”文化旅游会展康养产业发展规划》等一系列强整体、管长远、打基础、重实效的发展规划，建立文旅融合发展联席会议推进机制，文旅康养产业发展布局进一步优化，产品业态更加丰富，要素市场不断健全，政策体系逐步完善，创新活力显著增强，构建起产业发展的四梁八柱，为全方位推动高质量发展奠定了坚实基础。

重点任务扎实推进

山西文旅康养产业各项重点任务扎实推进、深度融合，供给体系日趋完善，服务体系逐步健全，正迸发出新的活力，一个又一个美丽乡村、康养小镇、生态园区脱颖而出。2022年继续深化文旅融合，把太忻一体化经济区建成世界级旅游康养目的地。在全省建设50个文旅

游人在平遥古城内游览。

山西原创话剧《右玉》

康养示范区，打响“康养山西、夏养山西”品牌。

重大文旅融合项目进一步推进。山西积极推动五台山、平遥古城、云冈石窟三大世界文化遗产地生态优化与人文环境建设，争取到国家部委4个项目、2亿元资金推进长城国家文化公园（山西段）建设，印发《长城国家文化公园（山西段）建设保护规划》。山西有26个项目列入国家“十四五”文化保护传承利用工程储备库。激发文旅消费潜力，推动旅游演艺进一步丰富，晋中市《又见平遥》文化产业园入选第一批国家级夜间文化和旅游消费集聚区，运城市入选第二批国家文化和旅游消费试点城市。

文艺作品创作水平进一步提升。围绕庆祝中国共产党成立100周年，圆满完成主题文艺演出《伟大征程》参演任务，受到文化和旅游部通报表扬。话剧《右玉》等3部作品入选中宣部优秀舞台艺术作品展演。创排的京剧《文明太后》、音乐《表里山河》等6部作品入选文化和旅游部舞台艺术精品创作工程，并通过验收。其中，《表里山河》被中国音协评为“庆祝中国共产党成立100周年‘百年百首’全国优秀新创歌曲”。中国戏曲“小梅花”山西增至241朵，其中临汾68朵，稳居全国地级市榜首。

文旅康养产品业态进一步丰富。以举办首届中国国际消费品博览会为契机，积极打造“康养山西、夏养山西”品牌；成功举办中国·山西（晋城）康养产业发展大会、旅游发展大会等活动，推进品牌提升、业态发展。太原古县城等一批景区景点建成运营，重点监测景区门票收入11.2亿元，增长44.7%。开全国两省联合创建先河，与陕西省共同创建壶口瀑布国家5A级旅游景区，得到文化和旅游部肯定。发展红色旅游，推出10条红色旅游经典线路，其中3条被中宣部、文化和旅游部等四部委纳入“建党百年红色旅游百条精品线路”。推动乡村旅游，晋城市“百村百院”建设首批28个康养村和30处康养院落开门迎客，全省7村3镇入选全国乡村旅游重点村镇。

非遗保护工作体系进一步完善。加强非遗保护传承指导和管理，编制实施《黄河流域非物质文化遗产保护传承弘扬专项规划》，出台省级非遗代表性传承人认定管理办法，推动晋中国家级文化生态保护区建设，开展黄河流域非遗资源普查工作，全省14项非遗项目入选第五批国家级代表性项目名录，国家级非遗项目单位、传承人数量保持全国第三。提升非遗传播力、影响力，举

晋城市阳城县析城山牛心温村民宿

·特别关注·

“平遥中国年”活动异彩纷呈

“平遥中国年”活动是中宣部、中央文明办确定的第一批“我们的节日·春节”系列活动的主阵地项目。2022年1月31日，“我们的节日·春节——平遥中国年”活动在平遥古城迎薰门广场正式启动。2022年的“平遥中国年”活动采取“线上线下”相结合的形式，设立了惠民演出、定点表演、街头巡演、民俗活动、创意集市等板块，策划推出了独具中国北方汉民族特征和平遥地方特色的20余项活动内容，汇聚了丰富多彩的传统文化元素。

城因人而生，人因城而活。平遥古城的价值在于它的活态、它的烟火气，在于它所承载的晋商文化和非遗品牌。相较以往，今年的“平遥中国年”活动内容更加广泛，年味儿更加浓郁，文化更突出，体验更丰富。前来平遥观光旅游的游客不仅在古城欣赏了“闺阁走秀”等特色活动，还在古城及民俗客栈、特色店铺体验了“非遗剪纸”“弦子书”“八音会”“汉服文化展示”“特色面食表演”等传统文化活动。不仅如此，广大游客还在平遥各景区景点参与了“传统灯谜竞猜”“写汇票送元宝”“拉弓射箭、推镖车”“喝福粥、系福袋”等年俗活动。

山西文博会现场长治市展区画师在创作红绿彩瓷器。

办沿黄九省民歌展演，积极参与文化和旅游部“非遗过大年、文化进万家”活动，投稿量名列前茅，受到文化和旅游部通报表扬。

政策支持力度进一步加大。2022年，山西制定了《激励文旅康养市场主体倍增的若干措施》，明确了12项具体奖励支持措施，加大宣传力度，拓展品牌链条，激发文旅康养市场主体活力和内生动力。出台《关于支持康养产业发展的意见》，提出打造全国重要康养目的地、京津冀养生养老“后花园”和周边省市异地养生避暑聚集地，在产业供地、财政奖补、金融信贷、税费优惠等方面给予政策扶持。下发《关于对康养产业项目给予一次性建设补助和贷款贴息的通知》，明确从2022年起到2025年，对符合条件的康养项目，按照每张床位1万元的标准给予一次性建设补助，按照商业贷款基准利率的50%给予贷款贴息，吸引省内外市场主体投资山西康养项目。

宣传营销品牌进一步打响。塑造“华夏古文明，山西好风光”等品牌，并与CCTV10《跟着书本去旅行》栏目合作，推出宣传特辑。依托知名传统媒体、大型门户网站，开设了山西文旅专栏、“大美三晋”网上VR展厅，“山西是个好地方”抖音曝光量突破5.5亿次。

市民在长治市壶关县欢乐太行谷游玩。

组织旅游季主题活动，“我在山西寻找春天”抖音平台播放量3.3亿次，“锦绣太原”系列活动等形成品牌效应。

人民精神更加富足

紧跟时代步伐，坚守人民立场。山西扎实推进人民精神生活共同富裕，不断增强着人民群众的精神力量。立足满足人民群众日益增长的美好生活需要，推出丰富多彩的群众文化活动，为人民提供了更多更好的精神食粮，深入推进基本公共文化服务标准化、均等化，多措提升公共文化服务效能，更好地保障人民文化权益。公共文化服务体系建设取得了明显成效，全省公共文化设施基本实现全覆盖，公共文化服务场馆全部实现免费开放，万人拥有公共图书馆、文化馆设施面积两项指标居中部六省首位。此外，山西文旅康养产业新业态蓬勃发展。2021年以来，忻州古城、太原古县城等古城成为夜间消费新热点，贾家庄、大阳古镇等文旅小镇成为网红打卡地，康养旅游、避暑旅游、研学旅游、自驾游、低空游等新品牌逐渐打响，丰富多彩的旅游产品满足了游客个性化需求，助推山西文旅康养产业释放新活力。

三、文化强省启新程，推动文旅康养产业全面发展

百舸争流，奋楫者先。山西坚决扛好扛牢历史文化资源大省的时代使命，推动文旅康养产业在更广范围、更深层次、更高水平、更富特色上实现融合，加快把山西建设成为富有特色、充满魅力的文化强省和国际知名文化旅游目的地，多层次、多方位、立体式讲好中国故事、山西故事。

民间艺人表演国家级非物质文化遗产“万荣花鼓”。

助推产业提档升级新突破

“十四五”期间，山西文旅康养产业进入全方位高质量发展阶段，战略性支柱产业地位基本形成。力争到2025年，产业增加值增速高于全省GDP增速，占GDP比重明显提升，在全国的位次持续前移。

实力更强。到2025年，文化和旅游业保持中高速增长，文化旅游市场规模跨过万亿；康养产业初具规模，品牌效应凸显，来晋康养客群超过150万人，综合收入达到1000亿元。

结构更优。产业区域布局更加合理，产品结构更为优化，休闲度假、康养等功能明显增强，消费结构持续升级，旅游购物、文化娱乐、旅居康养等消费不断提升，客源结构更加多元，省外游客占比提高，游客平均停留时间延长，人均花费突破1000元。

载体更实。推动建设省级以上旅游度假区，力争2022年新增高等级景区不少于8个。到2025年，A级旅游景区数量实现倍增，达到500家以上。其中，创建世界级旅游景区1—2家，新创建5A级景区2—3家，创建4A级以上旅游景区、省级以上旅游度假区达到50家，文化旅游休闲街区100个，文化产业示范园区达到10个；康养小镇达到20个、康养社区达到50个、康养村落达到200个。

融合更深。文化和旅游先导产业作用更加强化，与康养产业全方位、深层次、宽领域的融合发展格局基本建立，相关产业链条持续延伸，发展质量显著提升，培育一批具有核心竞争力的跨界经营企业，打造一批具有市场影响力的品牌，建设一批特色鲜明融合发展城市、集聚区和新型城镇。

品质更优。按照主客共享的原则，全面提升发展环境，文化和旅游友好型环境基本形成，品牌认同度、体验满意度、便利舒适度全面提升。2022年，山西围绕

山西考古博物馆，讲解员正给孩子们介绍虎主题文物。

“吃、住、行、游、购、娱”旅游六要素，深化旅游服务标准化建设，实施服务业提质增效行动，打出强链补链延链组合拳，满足文旅康养、旅游购物、娱乐消费等需求，让更多游客愿意“留下来、吃一餐、住一晚”，打响“旅游满意在山西”品牌，做优山西文旅服务。

贡献更大。文旅康养产业成为现代服务业的龙头产业之一，在转型发展中功能更加突出，对社会就业的综合贡献度更高，成为吸纳新增就业的重要渠道，文化和旅游消费潜力充分释放，人民群众获得感显著增强。

塑造文旅康养产业融合新格局

依托山西资源禀赋、发展基础和比较优势，对接“一群两区三圈”城乡区域发展新格局，按照核心区统领、产业带集聚、功能区支撑、组团区协同的原则，着力构建“一极带动、人字廊道、三大板块、组团发展”的空间布局，实现产业全面融合发展。

一极带动。太原都市区文旅融合发展极。以太原都市区为核心，突出文化资源与旅游要素的集聚优势，充分发挥太原都市区对全省创新驱动、转型升级的核心引领作用，发挥航空、高速铁路、高速公路等现代交通体系优势，全方位、深层次推动太原、晋中文旅融合一体化发展，带动其他地区协同发展，建设成为山西最具综合示范和引领带动作用的文旅产业融合发展极核区。

人字廊道。人字形文旅产业发展廊道。依托大西高铁、太焦高铁与大运高速、二广高速等交通骨架，以太原都市区文旅融合发展极为核心，拉动黄河、长城、太行三大板块，串联形成人字形骨架廊道，打造具有广泛影响力的自然风景线和文化旅游廊道，形成纵贯全省的乡村文化记忆节点、历史文化名镇名村、美丽休闲乡村和风景廊道，成为带动全省文旅康养产业融合发展的重

太原市晋源区天龙山旅游公路环形高架桥

要廊道。

三大板块。黄河、长城、太行三大板块。坚持高水准策划、高标准建设、高水平运营，立足黄河、长城、太行独有的山水资源禀赋和历史文化底蕴，推进黄河国家文化公园和长城国家文化公园的建设，落实国家《太行山旅游业发展规划》，高质量推进三条一号旅游公路和一批精品项目建设，加速推进三大板块文旅融合发展。2022年，新建成三个一号旅游公路2500公里以上，完善游客集散中心、公路驿站、房车营地等配套设施，推动同城景点公交化，开通跨省旅游专列，实现重点旅游城市、街区、景区5G网络全覆盖，完善山西文旅云功能。

组团发展。11个文化和旅游产业集群。按照分类集聚、特色发展的原则，依托本地发展基础和潜力，以相邻区域抱团发展、同质业态抱团发展、互补功能抱团发展为目标，以云冈石窟、五台山、平遥古城、壶口瀑

·特别关注·

山西推出全新旅游线路套餐

为创建国家全域旅游示范区，2022年山西面向自驾游游客和团队观光游客，推出“一群两区三圈三道”的全新旅游线路套餐。

“一群两区”，即山西中部城市群和太忻一体化经济区和转型综改示范区。将太原打造成国内一流、国际知名文化旅游目的地，加快再现“锦绣太原城”盛景。加快太忻一体化经济区和转型综改示范区的旅游产业集群化发展。依托京昆高速、太佳高速、青银高速等交通干线，形成以五台山、平遥古城、晋祠、乔家大院、王家大院为骨干资源，串联太原、忻州、晋中的旅游线路，增强山西旅游的辐射力。

“三圈”，即在晋北、晋南、晋东南建设高质量城镇圈，依托各自区位和文化旅游产业优势，向内提升旅游吸引力，向外拓展旅游影响力，打造晋北、晋南、晋东南旅游城市圈。其中，晋北旅游圈线路，依托二广高速等交通干线，形成以云冈石窟、恒山、应县木塔、雁门关为骨干资源，串联大同、朔州的晋北旅游圈旅游线路；晋南旅游圈线路，依托西禹高速、运风高速等交通干线，形成以壶口瀑布、五老峰、关帝庙为骨干资源，串联临汾、运城的晋南旅游圈旅游线路；晋东南旅游圈线路，依托青兰高速等交通干线，形成以八泉峡、皇城相府为骨干资源，串联长治、晋城的晋东南旅游圈旅游线路。

“三道”，即三条旅游风景道。依托黄河、长城、太行一号旅游公路，形成黄河、长城、太行旅游风景道。

布、沁河古堡群等品牌景区为核心，带动城市及周边景区联动发展，构建文化特色鲜明、旅游产品丰富、产业要素完善的11个产业集群。

实现产业战略目标新跨越

打造中国文化传承弘扬展示示范区。充分发挥山西文化大省的优势，统筹推进以文化人、以文惠民、以文兴业，聚焦重点推进文化事业繁荣，推出一批思想精深、艺术精湛、制作精良的原创精品力作。优化公共文化服务，深化“五个一批”群众文化惠民工程，做大做强群众文化活动品牌。加强非遗保护传承，增强山西文化的影响力和软实力。推动工艺美术、艺术品业等文创

太原博物馆线上展览精彩纷呈。

产业创新发展，打造具有晋风晋韵的“山西礼物”品牌化特色纪念品和文创产品。丰富文化演艺娱乐业，打造体现山西特色、具有全国影响的演艺品牌。加快文化产业数字化进程，通过3D文物展示平台、云展览、数字博物馆、景区的导览云平台等项目，让世人感受到数字科技为传统文化保护和传承带来的无限可能。

建设国际知名文化旅游目的地。坚持以文塑旅、以旅彰文，做优做深文旅融合发展大文章，实施国家战略对接工程，对接黄河国家文化公园建设，打造黄河流域高质量发展精品文化旅游带。对接长城国家文化公园建设，打造长城文物保护利用的样板区。落实国家太行山旅游规划，打造太行山国家旅游风景道。实施“9+13”龙头景区梯次打造培育计划，推动A级景区倍增，盘活景区旅游资源，打造

知识链接

实施“9+13”龙头景区梯次打造培育计划，着重在涵养文化生态、完善产品形态、丰富消费业态方面下功夫，聚焦品质、品牌、品位，通过创新体制机制、引进知名运营团队、政策支持、质量提升、产品开发、内涵挖掘、业态升级和市场推广等举措，打造以世界文化遗产、优秀历史文化、壮美自然风光为主题的旅游目的地体系。

“9”：打造云冈石窟、五台山、平遥古城、洪洞大槐树、皇城相府、解州关帝庙—常平关帝家庙、太行山大峡谷、壶口瀑布、晋祠—天龙山9家龙头景区。

“13”：培育云丘山、王莽岭、雁门关—广武、芦芽山、碛口古镇、恒山—悬空寺、娘子关—固关、八路军太行纪念馆—黄崖洞兵工厂旧址、乔家大院、王家大院、鹳雀楼—普救寺、陶寺遗址—丁村、偏关老牛湾13家重点景区。

优质景区。提升红色旅游发展水平，发展特色化乡村旅游，大力发展全域旅游、大众旅游，大幅提升山西旅游景区品质，推动全国全域旅游示范省创建。

打响“康养山西、夏养山西”品牌。依托优势康养资源，坚持产业化、市场化、特色化、集群化原则，突出太原在全省康养产业发展中的核心地位，紧密辐射忻州、晋中两市，构建“1小时交通康养都市圈”。打

造大同—朔州、长治—晋城2个康养产业片区，依托全省各地差异化的资源优势，重点培育多个康养产业发展支撑点。搭建康养产业发展载体，着眼宜居宜业宜养宜游，培育多元市场主体，引进康养产业品牌旗舰，打造一批康养小镇、康养社区、康养综合体，完善康养配套服务，加快构建多样化、高品质、覆盖全生命周期的康养产品体系。

第六章

绿色田园织锦绣

——如何推动农业特色转型，实现优质高效发展？

2022年春节前夕，习近平总书记亲临山西考察调研。在霍州村民师红兵家中，习近平总书记亲手做了一个枣花年馍，又在登高年馍上点了一颗红枣，把五谷丰登、红红火火的美好寓意捏进了年馍里。霍州年馍是山西面食文化的典型代表，被誉为“舌尖上的美食、心尖上的情结、指尖上的艺术”。年馍的制作工序繁复，需要用到白面、红枣、红豆、黑豆等多种原材料。正是山西品种多样的农产品造就了山西多彩的饮食文化。“平遥的牛肉太谷的饼、清徐的葡萄甜格盈盈；高平的萝卜晋城的葱、夏县的莲菜脆格生生……”著名歌唱家郭兰英的一首《夸土产》唱出了浓郁的山西地方特色，也让这些山西土特产家喻户晓。如今在山西“品牌立农”行动的实施下，一大批“晋字号”农产品吸引着全世界人民的眼球和味蕾。

时势演进变动不居，发展竞合日新月异。习近平总书记指出，山西山多地少、地貌多元、气候多样，这种独特的资源禀赋决定了山西农业的出路在于“特”和“优”。要深入推进农业供给侧结构性改革，提高农业综合效益和竞争力。山西农业正处在转变发展方式、优化产业结构、转换增长动力的关键时期。要坚持农业农村优先发展方针，在稳字当头、提质增效上做文章，打好“特”“优”牌，带动农业优质高效、乡村宜居宜业、农民富裕富足。

一、把握时代之需，推动“特”“优”高效发展

凡益之道，与时偕行。当前山西农业结构往哪个方向调？市场需求是导航灯，资源禀赋是定位器。坚持农业“特”“优”发展加快推动农业农村现代化，正是基于山西农业产业所处市场需求、资源禀赋求得的最优解。

落实粮食安全战略的现实需要

洪范八政，食为政首。习近平总书记多次强调粮食安全的极端重要性：“越是面对风险挑战，越要稳住农业，越要确保粮食和重要副食品安全。”新冠肺炎疫情对粮食安全的现实考验，全球粮食供应链遭遇冲击，我国粮食市场依然是“风景这边独好”。手中有粮方才心中不慌，再次彰显了粮食安全是应对各种风险挑战的强大底气和经济社会平稳运行的有力支撑，也给我们上了一堂深刻的“警示课”。在粮食安全问题上，不能只算经济账，还要算好政治账和安全账，要坚持中国人的饭碗任何时候都要牢牢端在自己手中，饭碗主要装中国粮。始终绷紧粮食安全这根弦，才能“任凭风浪起，稳坐钓鱼台”。

随着人口增长、消费升级、城镇化推进，当前和今后一个时期，我国粮食供求紧平衡的格局不会改变，农产品保数量、保多样、保质量的任务越来越重。于安思危，于治忧乱。粮食安全什么时候都不能轻言过关。牢牢守住国家粮食安全底线是“三农”工作的重中之重，山西要坚决扛起保面积、保产量的重要责任。在确保粮食基本自给的基础上，当前粮食安全的内涵已由“单一安全”向“全链条安全”拓展、“产量安全”向“生态安全”延伸、“粮食安全”向“食物安全”推进。通过

运城市夏县村民正在收割谷子。

范围广、层次深的全方位变革，实现粮食安全和现代高效农业相统一，使中国饭碗装得更满，把中国饭碗端得更牢，让中国饭碗成色更足。

补齐短板、挖掘潜力的必然要求

当前农业农村处正于大变革、大转型的关键时期。放眼世界，百年未有之大变局加速演进，不稳定性不确定性明显增加，新冠肺炎疫情对世界经济格局产生冲击，全球供应链调整重构，国际产业分工深度演化，对我国乡村产业链构建带来较大影响。在“双循环”格局下，我国农业已由高速度增长阶段转向高质量发展阶段。随着世界新科技革命浪潮风起云涌，新一轮产业革命和技术革命方兴未艾，生物技术、人工智能在农业中广泛应用，5G、云计算、物联网、区块链等与农业交互联动，科技引领下的现代农业蓬勃兴起。

长于察势驭势，方能以变应变。奋力开启农业现代化建设新征程，必须重新审视山西农业发展的现状和方位。目前，山西正在推动传统农业向现代农业转型升级。然而，与快速发展的工业化、城镇化、信息化相比，农业农村现代化步伐仍然滞后，是“四化同步”的短板和弱项。因此，要着力破解加快农业农村现代化历

运城市新绛县精品蔬菜示范园里农民正在劳作。

史性命题，抓重点、补短板、强弱项，着力构建现代农业产业体系、生产体系、经营体系、推广体系和服务体系，走产出高效、产品安全、资源节约、环境友好的农业现代化道路。

丰富人民高品质生活的重要举措

推动农业产业的转型和变革，是适应人民群众高品质生活需求的必然选择。新形势下，城乡居民消费结构加快升级，健康养生消费趋势凸显，人民生活需求从“有没有”向“好不好”转变，农产品需求侧正在发生革命性变革。农业主要矛盾已经由总量不足转变为结构性矛盾，主要表现为阶段性的供过于求和供给不足并存。主要矛盾的转化标注新时代特征，也呼唤新变革。因此，要顺应人民对高品质生活的期待，把高质量发展同满足人民美好生活需要紧密结合起来。聚焦结构性，发力供给侧，做好田野里的加减法，加快农业农村现代化进程，推动农产品供给在确保“有”的基础上向“好”转变，让广大农民群众过上更加美好的生活。

二、回答时代之问，筑牢“特”“优”产业之基

农业稳则天下安。山西坚持农业农村优先发展方针，以全面推进乡村振兴统揽“三农”工作全局，全省农业农村发展稳中加固、稳中向好，“三农”压舱石作用凸显。

牢牢守住粮食稳产保供底线

粮稳而民安，民安则国兴。山西坚决守牢粮食安全底线、守牢重要农产品供给底线、守牢耕地安全底线、守牢种业安全底线，坚决落实“藏粮于地、藏粮于技”

战略，着力改善农业基础设施条件，粮食产能持续巩固，农业综合生产能力稳步提升。粮食生产从“吃得饱”转向“吃得好”“吃得健康”，功能农业发展日新月异，“米袋子”“菜篮子”“果盘子”更充实、更丰富、更多彩，为确保国家粮食安全作出了山西贡献。

山西粮食播种面积稳定在4700万亩，2019年至2021年实施高标准农田建设820万亩，耕地地力提高0.5—1个等级，有效灌溉水利用率提高20%以上，亩均增产粮食50公斤以上。2021年粮食生产克服干旱、极端秋汛、病虫害偏重发生等不利因素，总产量达到1421万吨，为

运城市夏县农民正在晾晒酸枣。

历史第二高产年。夏粮播种面积536.84千公顷，总产量达到243.4万吨，增长2.8%，受到农业农村部通报表扬。蔬菜产量首次突破千万吨大关，果品产量超900万吨。生猪等重要农产品市场供应充足，农产品质量安全水平不断提升。

运城市盐湖区农民正在欢庆丰收。

现代农业四梁八柱基本建立

山西统筹产业发展和生态功能两大布局，坚持农业“特”“优”发展，做实做强三大战略五大平台、做优做大十大集群，加快农业全产业链融合发展，拓展产业增值增效空间。晋中国家农高区（山西农谷）建设高水平推进，实现良好开局；雁门关农牧交错带产业结构日趋合理；“南果中粮北肉东药材西干果”五大平台初见成效；农产品精深加工十大产业集群扎实推进，成为加快全省现代农业发展、引领乡村振兴的强劲引擎。2021年山西确定11个集群优势区，累计创建旱作高粱、晋南苹果2个国家级产业集群、6个国家级产业园和25个产业强镇，创建60个省级产业园、12个现代农业产

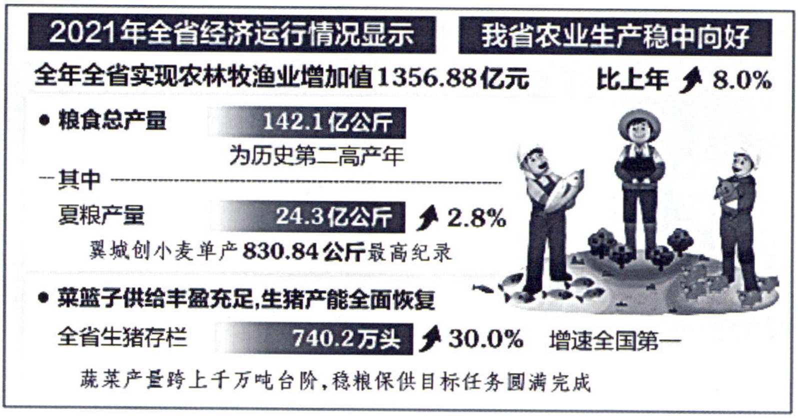

2021年全省经济运行情况显示　我省农业生产稳中向好

全年全省实现农林牧渔业增加值1356.88亿元　比上年 ↑ 8.0%

● 粮食总产量　142.1亿公斤
为历史第二高产年

—其中

夏粮产量　24.3亿公斤 ↑ 2.8%

翼城创小麦单产830.84公斤最高纪录

● 菜篮子供给丰盈充足,生猪产能全面恢复

全省生猪存栏　740.2万头 ↑ 30.0%　增速全国第一

蔬菜产量跨上千万吨台阶,稳粮保供目标任务圆满完成

业示范区，生猪全产业链成为全国重点链。

面对新冠肺炎疫情和极端秋汛灾情双重不利影响，山西农业农村经济逆势增长。2021年，全省第一产业固定资产投资同比增长33.4%，高于全国24.3个百分点；第一产业增加值完成1286.87亿元，增长8.1%，实现历史性突破；十大产业集群完成产值1600亿元，增幅80%。认证绿色有机农产品1652个、地标产品175个，地标产品全国第四。争取国家现代农业标准化示范基地

·数说山西·

2021年，山西猪牛羊禽肉产量134.4万吨，比上年增长32.3%。其中，猪肉产量88.4万吨，增长40.8%；牛肉产量9.0万吨，增长21.7%；羊肉产量10.4万吨，增长21.0%；禽肉产量26.7万吨，增长16.5%。禽蛋产量112.3万吨，增长3.3%。牛奶产量135.1万吨，增长15.5%。水产品产量5.1万吨，增长9.2%。年末生猪存栏740.2万头，增长30.0%；生猪出栏1130.5万头，增长41.7%。

7个，位列全国第一。农产品抽检合格率达98.6%，高于全国1.6个百分点。持续推进“特”“优”农产品走出去，积极打造晋字号“特”“优”农产品品牌典型经验做法受到国务院第八次大督查通报表扬。

科技助力农业特色转型扎实前行

推进农业供给侧结构性改革，提高山西农业质量效益竞争力，必然要求以科技创新作为强大引擎。山西坚持科技是第一生产力，把实施创新驱动发展、科技兴农战略放在农业转型发展的核心位置。科技创新与现代农业紧密融合，农业信息化、机械化、标准化建设工程深入推进，农业科技和物质装备得到加强，科技服务能力水平显著提升，农民不再“靠天吃饭”。目前山西农

·热点问答·

问：山西农业要实现特色转型有哪些比较优势？

答：总体而言，山西推动农业“特”“优”发展，既有战略机遇和政策利好，又有自身的独特优势。

一方面，国家近年来相继批复设立山西资源型经济转型综改试验区和推动中部地区崛起、黄河流域生态保护和高质量发展、晋中国家农高区（山西农谷）建设等，为山西农业转型发展提供了重大的政策机遇。

另一方面，农业对自然资源和生态环境高度依赖，推动农业特色转型，应顺应自然规律和经济规律，立足自身资源禀赋。山西作为传统农业省份，农产品品种繁多，既有在中国乃至世界占据一席之地的各种杂粮，也有从蔬菜到水果、从薯类到油料、从畜产品到药材等领域的特色农产品。拥有“特”“优”农产品与有机旱作技术叠加优势的山西农业契合了大众消费需求。

作物耕种收综合机械化率达到73.9%，高出全国1.5个百分点。主要农作物良种实现全覆盖，农业科技进步贡献率达到60%，创新驱动正在为农业高质量发展赋能提速，为农业产业发展按下快进键。

运城是山西小麦的主产区，小麦产量占全省的50%以上。然而，干旱一直成为制约当地现代农业发展的瓶颈。芮城县东垆乡远鹏家庭农场建设打造水肥一体化智能喷灌系统，这是全省首家在粮食生产中应用智能喷灌设施。通过水肥一体化系统、5G物联网、传感器、地

红彤彤的柿子，红火火的日子。图为晋中市左权县农民正在晾晒柿饼。

下管道等软硬件建设，将土壤湿度、温度、pH值、肥度等全部实现数字化，并实时呈现在控制室大屏幕或手机屏幕上，仅用一部手机就能准确操控2000个摇臂式喷杆喷灌设备，用100个小时就能完成原来需要15天的800亩小麦喷灌任务，带动区域内8800亩节水灌溉，节省了人力物力，实现了小麦生产的优质高效。

·特别关注·

山西“特”“优”农产品品牌典型做法

2021年11月，国务院第八次大督查通报表扬山西打造“特”“优”农产品品牌典型做法。目前山西累计创建了山西小米、山西陈醋、山西药茶等12个省级区域公用品牌，评选出运城苹果、大同黄花、隰县玉露香梨等46个市级区域公用品牌，发布100个功能农产品品牌，认定发布100个产量有规模、品质有保障、供应有效率的晋字号“特”“优”农产品品牌目录。稷山板枣、隰县玉露香梨等68个品牌入选全国名特优新产品名录。吉县苹果入选中欧互认地理标志产品，大同黄花、“沁州黄”小米、岚县土豆3个品牌入选中国百强。一个品牌带动一个产业，像“山西陈醋”这样的资深区域公用品牌，已经逐步形成了自己的品牌矩阵，在行业内占据一席之地。

三、引领时代之先，做好“特”“优”农业文章

破解时代课题，既要有行稳致远的定力，也要有劈波斩浪的魄力。立足新发展阶段，山西农业产业发展要把“稳字当头、稳中求进”工作要求落到实处，正确认识和把握“稳”与“进”的辩证法，以稳促进，以进固

晋中市太谷区旱垣温室园区

稳，妥善处理好稳粮保供和特色转型之间的关系，在更周全的“稳”与更高质量的“进”的良性互动中，推动山西农业实现优质高效发展。

扛起稳粮保供重任

保障粮食安全，守底线还要有成色。必须把确保重要农产品特别是粮食供给作为首要任务，把提高农业综合生产能力放在更加突出的位置，践行“藏粮于地、藏粮于技”战略，持续挖掘增产潜力，确保产得出、供得上、供得优。

过硬举措严责任。山西坚持把粮食稳产保供作为“三农”工作头等大事，全面落实粮食安全党政同责要求，严格执行“米袋子”省长负责制和“菜篮子”市长负责制，层层压实粮食生产责任，既算“经济账”“眼前账”，更算“政治账”“长远账”。

义利同抓稳面积。耕地是粮食生产的“命根子”。要严守耕地红线，采取“长牙齿”的硬措施，落实最严格的耕地保护制度。加强耕地用途管控，强化对耕地撂荒的监测处置，坚决遏制耕地“非农化”，防止“非粮化”。确保4707.2万亩粮食播种面积落实到地，完成好82万亩大豆玉米带状复合种植任务。统筹各类资金，加

运城市芮城县农民正在进行铺膜作业。

大对粮食生产支持力度，调动地方政府抓粮积极性。围绕政策保本、经营增效做文章，构建价格、补贴、保险“三位一体”扶持政策体系，提升种粮农民合理收益和内在动力。

山西省“十四五”规划农业综合生产能力发展目标

类别	序号	指标	单位	2020 年	2025 年	年均/累计	属性
农业综合生产能力	1	粮食综合生产能力	万吨	–	>1365	–	约束性
	2	肉类产量	万吨	101.6	150	8.1%	预期性
	3	禽蛋产量	万吨	108.8	140	5.2%	预期性
	4	奶类产量	万吨	117	180	9.0%	预期性
	5	蔬菜产量	万吨	861	1400	10.2%	预期性
	6	水果产量	万吨	850	1100	5.3%	预期性
	7	第一产业增加值	亿元	947	1900	14.9%	预期性
	8	耕地红线	万亩	5757	5757	–	约束性
	9	高标准农田	万亩	1628	2400	8.1%	约束性
	10	农作物良种覆盖率	%	96	98	〔2〕	预期性
	11	农作物耕种收综合机械化率	%	72.6	77	〔4.4〕	预期性
	12	农业科技进步贡献率	%	58.3	64	〔5.7〕	预期性

整合要素提产能。通过农机转型升级补短板、高标准农田建设强地力、高素质农民培育增技能一体化推进，不断提升粮食综合生产能力。广泛开展农机作业技术集成和先进适用农机推广应用，推动丘陵山区农田宜机化改造，大力推动农业规模化、产业化、机械化，扎实推进高标准农田建设和建后管护，确保建一亩、成一亩。力争到“十四五”末，全省新建高标准农田822万亩、改造提升218万亩；全省农作物耕种收综合机械化率达到77%以上。加大高素质农民培训力度，着力提升农户科学种粮水平，培训40万名高素质农民。打好粮食产能提升主动仗，确保全省粮食综合生产能力稳定在142.5亿公斤以上。

打好种业翻身仗

一粒好种，千粒好粮。种子是农业科技的“芯片”，是国家粮食安全的命脉。抓好种业振兴是提升稳粮保供能力、维护国家粮食安全的必然要求。要坚决把种业作为战略性、基础性核心产业抓紧抓实，扎实推进种质资源保护利用、种业创新攻关、种业企业扶优、种业基地提升、种业市场净化五大行动，做优做强“山西芯”，推动山西由种质资源大省向特色种业强省转变，

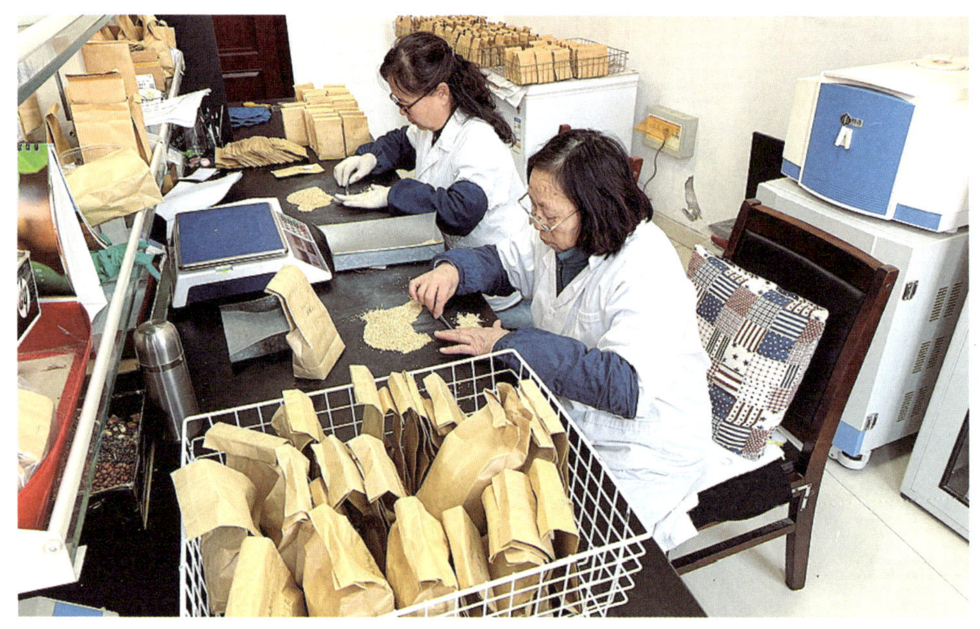

山西农业大学农业基因资源研究中心工作人员正在进行种质资源入库前的清选工作。

在打好种业翻身仗中作出山西贡献。

加强种质资源保护。山西种质资源优势明显，特别是杂粮种质资源近4万份，数量居全国首位。要发挥优势，补齐短板，对农业种质资源进行拉网式普查，完善农业种质资源分类分级保护名录。加快建设山西国家杂粮作物种质资源中期库、作物种质资源保护与利用中心、国家牧草种质资源圃、畜禽保种场和保护区。要完善种业法规制度，加强种业知识产权保护，开展好种业监管执法年活动，全面净化种业市场。

推进种业科技攻关。围绕种业科技自立自强、种源自主可控总体目标，强化种业科技支撑平台建设，开展“育繁推一体化”种业创新平台建设，推动创建特色杂粮种质创新和分子育种国家重点实验室。聚焦重点领域、主要品种、关键环节，深入实施农作物和畜禽良种联合攻关，开展“晋”字号品种协同攻关，在重点农畜品种和地方特色品种上，攻克一批种源“卡脖子”技术，力争山西种业五年有突破、十年成强省。到“十四五”末，农作物良种覆盖率达到98%以上，畜禽核心种源自给率达到80%以上。

加快种业基地建设。推进国家级育制种基地建设，优化基地布局，创新建设机制，加强应急储备，提升良种供应保障能力。持续推进建设南繁基地，提升全省农

山西自主选育的小麦品种“品育8012”示范田

山西农谷先正达现代种业示范基地

业发展源头保障能力。建设以良种繁育基地县（市、区）和区域性特色品种繁育基地为支撑的基地体系，启动玉米制种基地回归行动，在全省玉米主产区建设玉米新品种试验示范筛选基地。到2025年，打造北方种业研发和供应基地，全省良种繁育基地面积达80万亩。

培育种业龙头企业。加大现代种业招商引资力度，开展种业企业扶优行动，建立健全商业化育种体系。加快出台扶优方案，培育壮大种业龙头企业。支持种业龙头企业建立健全商业化育种体系，培养一批以谷子、高粱、马铃薯、晋汾白猪、晋岚羊、晋南牛、广灵驴等为主的地方特色品种种业企业。到2025年，培育15个作物、畜禽“育繁推一体化”特色优势种业企业。

坚持农业“特”“优”发展

突出抓好特色转型，引领现代农业高质高效发展。聚焦乡村的三次产业，从供给侧和需求侧发力，贯通产加销，融合农文旅，全产业链推进特色转型，创新创建一批现代农业产业示范园区、产业集群、产业强镇，不断提升产业业态、丰富产品形态，推动农业高质量发展。

大战略引领。持续推进三大省级战略和十大产业集群。高水平建设晋中国家农高区（山西农谷），围绕建设现代农业创新高地、产业高地、人才高地、开放高地和农村改革先行区的目标定位，引领全省农业农村现代化建设。深化雁门关农牧交错带建设，在保障生态安全和提升粮食产能基础上，着力打造成为北方农牧交错带结构调整样板区和京津冀优质农畜产品供应基地。加快推进“南果中粮北肉东药材西干果”五大平台建设，推动农业全产业链的信息化、智能化、标准化，构建内

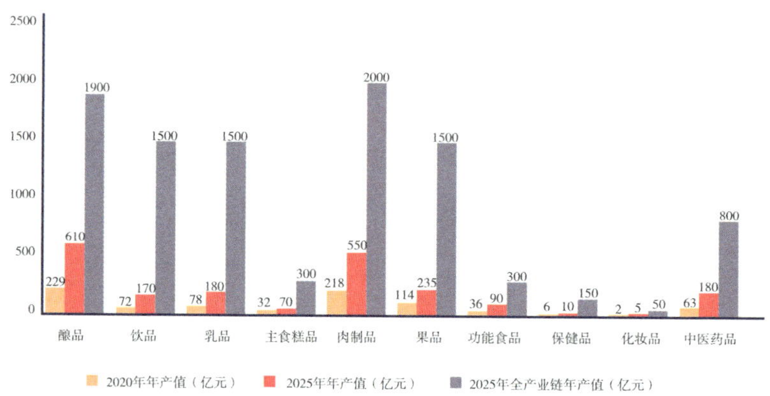

山西省“十四五”规划十大集群年产值（全产业链年产值）

· 知识链接 ·

“三全”思路：全产业链开发、全价值链提升、全政策链扶持的发展思路。

“五为”路径：以拳头产品为内核，以骨干企业为龙头，以园区建设为载体，以标准和品牌为引领，以现代农业科技为支撑。

五个转变：推动农业由生产型向市场型转变、粗放型向集约型转变、家庭型向融合型转变、数量型向质量型转变、“靠山吃山型”向“两山理论型”转变。

陆地区农业开放发展新高地。聚焦十大产业集群，坚持“三全”思路和“五为”路径，着力构建以先进农产品精深加工业为支撑的现代农业产业体系，推动产业链供应链重构，实现“五个转变”。

大项目支撑。坚持市场化运作，统筹布局实施一批变革性、牵引性、标志性的项目，持续发力，久久为功。推动项目向园区集聚，引导相关主体入园入区，统筹推动国家现代农业产业园、省级现代农业产业示范区、农业产业强镇等建设，将园区打造成为项目建设主阵地、农业转型主战场、经济增长主引擎。

大龙头带动。培育壮大一批市场主体，认定一批产业链“链主”企业。突出抓好家庭农场、农民合作社、龙头企业和农业社会化服务组织等新型经营主体，积极引导龙头企业牵头，农民合作社等各类主体广泛参与，一体化打造农业产业化联合体，形成不同产业的领军主体方阵。创设农业企业扶持政策，实现家庭经营、合作经营、集体经营、企业经营共同发展。“十四五”期间，每年新增100个省级示范家庭农场、5个家庭农场示范县。新认定省级示范联合体300家，打造年销售收入突破20亿元的省级示范旗舰联合体10家。

大市场定位。酒香也怕巷子深，要积极推动优质农产品走出去。推动特优农产品融入国内大循环和国际国内双循环新发展格局，抢占国内中高端市场，不断开拓国际市场。瞄准大城市、大区域市场，北上京津冀、东进长三角、南下粤港澳，积极搭建产销平台，在上海、天津、北京、广州等地设立农产品展示直销中心，建立农产品“绿色直通车”。统筹拓展线上、线下市场，国内、国际市场，抓住农产品电商、直播带货、跨境贸易等风口，探索农产品物联网信息共享平台建设，提升山西农产品市场美誉度和产品占有率。

大品牌赋能。实施质量兴农、绿色兴农、品牌强农。深入推进两个“三品一标”，一个是农业生产的“三品一标”，即品种培优、品质提升、品牌打造和标准化生产；另一个是产品的“三品一标”，即无公害农产品、绿色食品、有机农产品和农产品地理标志，推行食用农产品合格证制度。叫响“有机旱作·晋品”省域农业推广品牌，打造“区域品牌+企业品牌+产品品牌”矩阵，讲好山西农业品牌故事，让山西“特”“优”农产品品质更优、品牌更靓、影响更广。到“十四五”末，培育省级区域公用品牌30个、市级区

·特别关注·

小杂粮孕育大产业

忻州是中国粮食协会命名的“中国杂粮之都”。全市14个县（市、区）都有着各具特色的不同种类优质杂粮。该市6个县先后荣获“中华红芸豆之乡”“中国藜麦之乡”“中国亚麻籽油之乡”“中国甘甜红薯之乡”“中国高原莜麦之乡”“中国甜糯玉米之乡”称号。目前忻州种植杂粮有四大类20余个作物种类。其中，谷子、糜黍、甜糯玉米等面积和产量位居全省第一，藜麦、红豆和小米远销美洲、欧洲。

忻州“中国杂粮之都”产业融合园区，完成了国家级忻州杂粮市场、忻州海关、山西杂粮科技创新园区、山西省杂粮产品质量检验中心、新品种新技术新方法试验基地五大板块建设，打造了集杂粮科研创新、产品展示、文化科普、人才教育培训、仓储物流、进出口贸易、电商营销、文旅康养体验八大主要功能为一体的“买全球、卖全球”的国家级杂粮大市场。目前，园区已经实现交易3.51亿元。推动全市杂粮产业高质量发展，力争打造国家农村产业融合发展示范园的“忻州样板”，成为太忻经济区忻州农业板块的重要支撑。

运城市万荣县中药材生产基地一派繁忙景象。

域公用品牌50个，遴选“特”“优”企业品牌200个、功能农产品品牌100个。

提升科技赋能带动能力

科技扎下根，黄土变成金。农业农村现代化根本出路就在于创新，关键要靠科技力量。突出抓好科技兴农，通过科技创新提高农业劳动生产率、土地产出率、资源利用率和绿色发展水平，使农业产业包含更多的科技含量、更大的就业容量、更好的生态质量。

创新一批关键核心技术。坚持创新在农业现代化建设中的核心地位，聚焦“六新”，以有机旱作农业、三大省级战略、十大产业集群建设为重点，聚力“卡脖子”技术、原创性技术、颠覆性技术、前沿性技术攻关，以“揭榜挂帅”激发研发活力，尽快形成一批“晋”字头农业自主创新成果，实现农业领域“六新”重大突破。到2025年，自主研发和引进具有国际先进水平的项目20个、国内领先水平的项目50个、省内先进水平的项目100个，农业科技进步贡献率达到64%。

集成应用一批先进实用科技成果。强化科技的引领支撑作用，加大新品种、新技术、新产品的创新推广应用。加快发展智慧农业，推动创新链和产业链深度融合，强化农业科技支撑。建设一批国家数字农业农村创新中心和数字农业应用推广基地，推进物联网、人工智能、区块链等信息技术集成应用。开展智慧农（牧、渔）场建设、智慧农机应用示范。建设农业农村大数据中心，完善重要农产品监测预警体系，让技术“长”进泥土、让观念扎根人心。

示范推广一批农业可持续发展模式。创建有机旱作农业技术应用推广体系。习近平总书记指出，有机旱作是山西农业的一大传统技术特色。要坚持走有机

·特别关注·

一颗土豆的山西“革命”

马铃薯俗称“土豆”，是山西的主要农作物之一，种植面积一直排在全国前十。独特的地理条件，造就了山西马铃薯干物质高、商品性好、品质优良的特色魅力。然而，尽管是全国马铃薯主产省和优势区，但也存在品种结构单一、高端产品少、竞争力不强等问题，马铃薯年加工转化率仅在15%左右，而且是以淀粉、粉条等初级品为主，产业不具备促进农户增收的优势。

2021年山西相继出台《关于加快推进马铃薯产业发展的实施意见》《加快推进马铃薯产业发展2021年行动计划》，围绕科技创新、绿色发展、产业升级、增产增效的发展思路，推动在全省开展“土豆革命”，加速马铃薯品种更新换代，加大马铃薯新技术推广力度，加快现代加工型马铃薯种植基地建设，全面推进马铃薯全产业链提质增效。

同时，山西加大“山西马铃薯”省级区域公用品牌宣传力度，提升品牌影响力。“中国好土豆、娄烦山药蛋”的品牌故事家喻户晓，“岚县土豆花开了”“五寨县土豆花节”等活动深入人心。一些优质马铃薯被列入晋字号“特”“优”农产品品牌目录，不同品种的马铃薯亮相中国国际农交会、国际薯业博览会、山西农交会等展会，进一步促进了产销对接，提高了市场对山西马铃薯的认知度。

旱作农业的路子，完善有机旱作农业技术体系，使有机旱作农业成为我国现代农业的重要品牌。坚持科研和生产、传统和现代相结合，设立实施重大科技专项，立足科技成果转化，围绕土、肥、水、种、技、机、绿等要素重点发力，努力打造可复制、可推广的有机旱作农业发展模式，示范引领全国同类型地区旱作农业发展。山西农大“渗水地膜有机旱作技术创新团队”是山西脱贫攻坚路上一支最美的团队。该团队

运城市芮城县果农搭乘农机收获苹果。

经过20年攻关，解决了渗水地膜研制和谷子高粱穴播机等关键技术的道道难关，创立了易推广的渗水地膜旱作技术模式，大面积应用到太行山、吕梁山和六盘山三大贫困片区，面积超过500万亩，助力数十万人脱贫致富。

集聚农业产业发展要素

农，天下之大业也。农业优质高效发展必须依靠众多资源要素支撑，要坚决贯彻农业农村优先发展总方针，在认识的高度、重视的程度、投入的力度上保持好势头。强化要素优化配置，提高制度供给含金量，在“钱、地、人”上打出一套组合拳，形成发展要素汇聚的良性循环。

强化财政支持。把农业农村作为一般公共预算优先保障领域，围绕实施三大省级战略、十大产业集群等建设内容，进一步完善涉农资金整合长效机制，重点支持原料基地建设、园区打造、科技研发、品牌创建、市场营销等。优先对标杆企业、标杆园区和标杆项目，在投资、金融、科技、技改、品牌、土地等方面给予支持，积极储备政府债券项目，做好申报、使用、偿还等管理工作。充分发挥财政资金引导和撬动作用，进一步转变财政支农方式和路径，支持以市场化方式设立乡村振兴资金。通过财政奖补、产业基金、PPP等方式引导社会资本和金融资本参与农业产业转型发展。

强化用地保障。顺应农业产业发展规律，为乡村产业发展留出用地空间。新编县乡级国土空间规划应预留不少于10%的建设用地指标。支持市县以乡镇和村为单位开展全域土地综合整治，盘活农村存量建设用地，将节余的农村集体建设用地优先用于乡村产业发展。探索针对乡村产业的省市县联动“点供”用地。建立土地征

运城市垣曲县5000亩山桃花斗艳绽放。

收公共利益用地认定机制，缩小土地征收范围。全面落实设施农业、生猪养殖、一二三产融合发展用地政策，优先保障工商资本投资农业产业用地。

强化人才支撑。济济多士，乃成大业。要坚持把乡村人力资本开发放在首要位置，大力培养本土人才，引导城市人才下乡，推动专业人才服务乡村。依托晋中国家农高区（山西农谷）、山西农业大学（省农科院）集聚农业科技研发机构、院士专家团队，开展研发创新、集成创新、人才培养和产业化应用，建立乡村产业发展专家库。改革绩效评价制度，建立以创新能力、质量、实效、贡献为导向的科研机构评价体系。继续开展“人人持证、技能社会”建设，深入实施高素质农民培育工程，建立农业生产技能评价标准与体系，推进农民生产技能评价颁证，强化现代农业产业人才支撑。

第七章

数字经济链未来

——如何以数字经济赋能产业转型升级？

清晨，“阳泉AI新零售”无人车装满各类饮料、零食，自由穿梭在大街小巷，当“看到”路边有人招手，无人车就会自动减速、让位、靠边，精准停靠在客户面前。随着扫码付款、开仓取货等一系列熟练的操作，一单交易圆满完成。这样科技含量十足的景象，已在阳泉司空见惯，昔日煤城蝶变为“智车城”，数字经济逐渐成为阳泉新的经济增长点。数字重塑世界，数字领跑未来。数字经济作为引领未来的新经济形态，既是经济提质增效的新变量，也是经济转型升级的新蓝海。

党的十八大以来，以习近平同志为核心的党中央高瞻远瞩、把握大势，对建设网络强国、数字中国、智慧社会作出战略部署，构建了既有顶层设计又有具体措施的政策支持体系，形成了推动数字经济发展的强大合力。山西认真贯彻落实习近平总书记关于数字经济发展的重要论述，紧抓新一代信息技术创新发展契机，统筹布局全省数字经济发展体系，积极培育数字化产业，着力推进新技术、新模式、新业态与实体经济深度融合，在智能矿井、智慧电厂、装备智能制造项目等新兴领域实施了一批标志性项目，智慧城市、数字社区、智能工厂建设涌现出一批亮点，数字经济日益成为山西经济高质量发展的重要支撑。

一、加强网络设施建设

建设数字信息基础设施，是数字经济发展的根基所在。建设高速泛在、天地一体、云网融合、智能敏捷、绿色低碳、安全可控的智能化综合性数字信息基础设施是我们追求奋斗的目标。

·知识链接·

数字经济：恐怕不少人都认为数字就是虚拟，所以数字经济就是“虚拟经济”。其实，这种认知很大程度上是错误的。就数字经济而言，本质上是利用新一代的信息技术来实现经济运转的基本方式。客观上讲，数字经济不是虚拟经济，数字经济中的“数字”是“新工具”的统称，所做的是利用信息技术运营的实体经济，并且深刻影响着在经济系统中每一个人的生活。

夯实网络服务能力。随着宽带网络普及和提速，全千兆时代的宽带价值正在逐步凸显，特别是在新冠肺炎疫情爆发以来，高质量网络服务变得更为重要，在线课堂、视频会议、网上办公的优势得以凸显，网络的价值得到了前所未有的证明。山西基础电信企业持续加大投入、固定百兆宽带接入能力普遍提升、固定宽带千兆网络不断加快的建设步伐，家庭、企业、园区、写字楼光纤宽带网络的全覆盖，为数字经济发展提供了基础。下一步，山西将把通信基础设施建设纳入城市规划体系，推动农村光纤和4G网络的覆盖广度、深度。推进市政公共基础设施全面开放

·知识链接·

新型基础设施建设：简称新基建。主要包括5G基站建设、特高压、城际高速铁路和城市轨道交通、新能源汽车充电桩、大数据中心、人工智能、工业互联网七大领域，涉及诸多产业链，是以新发展为理念，以技术创新为驱动，以信息网络为基础，面向高质量发展需要，提供数字转型、智能升级、融合创新等服务的基础设施体系。

新基建是智慧经济时代贯彻新发展理念，吸收新科技革命成果，实现国家生态化、数字化、智能化、高速化、新旧动能转换与经济结构对称态，建立现代化经济体系的国家基本建设与基础设施建设。

共享，推动通信网络设施改造升级。

加快建设新型基础设施。构建内陆地区对外开放新高地，是山西转型发展的必由之路。在走向世界的征途中，山西人迎着朝阳，拥抱曙光，在开放崛起的路上不停探索。特别是推动山西转型综改示范区国际互联网数据专用通道建设运营，极大地提升了园区企业对外开放合作能力，加快了国家级互联网骨干直联点建设，全面增强了网间通信服务能力。山西持续加快5G网络部署应用，依托山西移动、山西电信、山西联通、山西铁塔等单位开展5G网络建设，到2022年，推动建成5G基站3万个，实现政务、教育、金融、医疗、工业互联网等垂直行业应用区域、交通枢纽、高新产业园区等重点区域的5G网络覆盖。

推进工业互联网建设。山西在能源、制造业等重点行业，培育一批国内领先的工业互联网平台服务商和研究创新机构，建设一批行业知名度高、影响力强的工业互联网平台，建设和运营工业互联网标识解析二级节点，实现与国家工业互联网系统对接，构建工业互联网产业生态。截至2021年底，新组建的晋能控股集团已建成了塔山、沙坪、寺河等18座矿井27个智能化综采工作面，塔山、同忻、麻家梁3座矿井实现了安全、生产、经营等领域5G网络全覆盖。启动了8座智能化矿山建设，2022年底前将建设完成塔山、同忻、麻家梁3座智能化矿山，塔山、同忻2座矿井打造成为全国智能化示范矿山。

支持建设试验基础设施。数字就是资源、就是生产力，“数字矿藏”正显示出前所未有的影响力和发展潜

·知识链接·

工业互联网：是新一代信息通信技术与工业经济深度融合的新型基础设施、应用模式和工业生态，通过对人、机、物、系统等的全面连接，构建起覆盖全产业链、全价值链的全新制造和服务体系，为工业乃至产业数字化、网络化、智能化发展提供了实现途径，是第四次工业革命的重要基石。

工业互联网不是互联网在工业的简单应用，而是具有更为丰富的内涵和外延。它以网络为基础、平台为中枢、数据为要素、安全为保障，既是工业数字化、网络化、智能化转型的基础设施，也是互联网、大数据、人工智能与实体经济深度融合的应用模式，同时还是一种新业态、新产业，将重塑企业形态、供应链和产业链。

当前，工业互联网融合应用向国民经济重点行业广泛拓展，形成平台化设计、智能化制造、网络化协同、个性化定制、服务化延伸、数字化管理六大新模式，赋能、赋智、赋值作用不断显现，有力地促进了实体经济提质、增效、降本、绿色、安全发展。

力。无人驾驶，汽车也能“行走”；不用钥匙，刷脸就可进入小区；“机械手”代替工人让生产加速……你会发现以互联网、物联网、大数据、人工智能等新技术为代表的数字经济，在方便人们生活的同时，正成为激发经济增长的新动力。近年来，山西着力支持开展面向车联网、无人机、无人驾驶、无人配送等新技术新装备的专用试验场地建设，积极推动相关技术产品的试验验证和成果应用。阳泉在“无人驾驶”赛道上加快布局，以车路协同示范区为牵引着力打造“智车之城”。作为省

阳泉高新区无人驾驶公交车

级新型智慧城市试点，阳泉在智慧交通、智慧医疗、智慧社区等众多领域开展应用，力争在全省乃至全国形成有特色的数字经济产业集聚区。

完善数字经济安全体系建设。按照“谁主管、谁负责”和属地管理的原则，严格落实网络安全工作责任，加强数据安全管理，健全风险预警、情报共享和应急协调机制。建立健全山西网络安全综合防控体系，形成多部门联合作战工作机制。以大数据、人工智能、机器学习、网络空间地图等新技术新应用为依托建设完善山西关键信息基础设施安全保卫平台。构建山西网络安全智慧大脑，绘制山西网络空间地理信息图谱，实现挂图作战。打造“三化六防”的网络安全防护机制，大力提升山西的网络安全防护能力。

二、推进智能转型发展

随着新一轮科技革命和产业变革的持续深化，特别是智能终端、传感器等设备广泛部署应用，数据作为新的生产要素已经渗透到经济社会发展的全过程和全领域，为山西高质量发展注入新的强劲动能。

推动工业云服务平台建设。积极对接国家工业大数据平台，对工业数据开发利用、分级分类等进行规范管理。研究建立数据管理推进机制，推动数据管理能力成熟度评估模型在企业应用落地，持续提高企业数据管理能力。在长治，龙芯中科与腾讯云共建工业云平台，从龙芯信创产业园落户长治开始，以龙芯CPU为核心，先后引入联想开天、神州数码、卓怡恒通、量子芯云、中关村创客小镇等10余家企业，形成从芯片、硬盘、主板生产到系统集成、整机制造的完整信创产业链，助力长治加速构建信创产业生态体系，打造全领域、全替代的自主可控信创产业策源地。

全面推动智能制造。中国是全球工业机器人应用的第一大国。在我国各类制造工厂的生产线上，工业机器人空前活跃。在山西的企业里，自然也少不了机器人。大运汽车股份有限公司在整车制造的冲压、焊装、涂装、总装四大工艺中，多道工艺过程都投入工业机器人，一辆高大威猛的重卡框架仅需几分钟即可脱胎换骨。山西把发展智能制造作为主攻方向，推动实现工业企业数字化、网络化、智能化，实施智能制造试点示范创建、智能制造专项支持、智能制造关键核心技术攻关等工程。强化智能制造支撑体系建设，推进形成钢铁冶金、轨道交通、煤机装备、汽车制造等智能化产业集

大运新能源汽车冲焊车间智能化流水线

群，着力营造良好发展环境，为建设“智造强省”奠定坚实基础。

打造新型智慧城市。动动手指就能办好社保卡；健康绿码在手，让你出行无忧；生病了还可以预约挂号、远程会诊……这些发生在我们身边真实的片段，正是数字化对生活方式的更新和重塑。山西聚焦智慧交通、智慧安防、智慧社区、智慧城管等智慧城市建设主战场，加强规划引导，不断推进城市网络化建设，积极构建覆盖城乡的智能化治理体系，强化数字技术在城市规划、建设、治理、服务等领域的应用。支持城市公用领域的物联网应用和智能化改造，加快推进公共安全视频监控建设联网应用，构建覆盖城乡的智能感知体系拓展应用场景，逐步形成一批可复制、可推广的新业态、新模式。

推行智慧政务。山西不断扩大“三晋通”App服务范围，以信息化推进政府办公自动化，推进“互联网+政务服务”提档升级，推进智慧政务服务模式向场景服务转变。山西加强了政务信息化顶层设计，创新部门信息系统建设运营模式，建设完善省级政务云平台，推动部门数据资源向省级政务云平台集聚，全面建成山西省大数据中心。山西围绕自然人、法人全生命周期，优化政务服务办理流程，大力推动信息惠民和“互联网+政务服务”，提升政务数据利用效果，加快了政府服务数字化转型。

发展数字商务。数字商务是未来商务发展的新趋势。山西紧紧把握时代脉搏，积极推进内贸流通数字化建设，实施供应链创新及应用试点。一方面，促进对外贸易数字化发展，培育跨境电子商务新业态新模式；另一方面，不断激发数字商务新主体活力，培育线上线下、跨界融合新主体及商务代运营等数字服务新主体。山西全球蛙电子商务有限公司是山西转型发展标杆企业、商务部第二批“数字商务企业”，拥有数智化的销售模式和200家商超销售渠道。2021年10月，全球蛙在洪洞县开设“洪洞优品店”并同步上线“洪洞购”App及小程序。“洪洞购”平台采用“数智化技术+数智化供应链+数智化营销+优质农产品”模式，将槐乡文旅资源推介、地方“特”“优”农产品销售、老家文化传播三大功能融为一体，囊括华人老家、地方特产、餐饮美食、文创产品、洪洞品游等十大板块，文创产品、晋品晋游、匠心织物、手工味道等11类200种产品，助力本地企业打造自有农文旅品牌IP，实现了助农增收、购销两旺的预期效果。

建设数字乡村。科技照亮致富路。推进农业农村大数据和重要农产品全产业链大数据建设，推广大数据、物联网、人工智能在农业生产经营管理中的应用，提高农机信息化水平，逐步建立农产品和投入品电子追溯监管体系，推动电子商务进农村，实施信息进村入户工程，构建“三农”综合服务平台，加强大数据应用，巩固拓展脱贫攻坚成果，推进全面乡村振兴。

三、壮大新型数字产业

当前，我国经济已由高速增长阶段转向高质量发展阶段。以数字技术有效牵引和带动生产生活业已成为产业转型升级、融合发展的重要动力。特别是5G、物联网、集成电路、云计算等数字技术与产业的深度融合，成为引领产业变革的关键力量。数据中心产业发展总指数等关键指标位居全国前列、中部第一。

推进数据资源集聚开放。2021年国家提出启动实施“东数西算”工程，山西坚持集约、绿色、开放、共享原则，统筹布局数据中心建设。深入推进百度云计算(阳泉)中心二期、山西中交高速数据中心、大同云中e谷大数据中心、环首都—太行山能源信息技术产业基地等项目建设。激发应用需求，集聚数据资源，推动政府部门、公共企事业单位的公共数据资源向社会开放，建立公共数据资源负面清单，鼓励和引导社会化开发利用。建立完善公共数据全流程管理标准和制度规范，探索建立数据服务市场规则，规范市场交易行为，培育发展数据流通市场。

加快发展大数据产业。抢抓科技革命制高点，变比较优势为竞争优势。近年来，山西将大数据产业作为全力打造的战略性新兴产业集群之一，积极培育大数据产业基地，加快建设数字类产业园区，引入专业运营服务机构，推进构建智慧园区管理体系，加快培育太原、大同、阳泉、吕梁等大数据产业集群。目前，全省在用数据中心设计机架数年均增长率达61%，远远高于全国27.8%的平均水平；全省信息技术领域高新技术企业达到1224家，近5年来增长了近6倍，大数据产业呈现出强劲的发展态势。山西下大气力推动网络安全产业发展，积极支持安全产品研发和产业化，以大数据安全、工业信息安全、物联网安全、人工智能安全、智慧城市安全等为重点，构建数字安全产业链，培育安全服务新业态，建设信息安全产业基地。加快安全核心技术研发，积极布局新型安全技术攻关。推进工业信息安全态势感知能力建设，培育建设一批网络安全技术、产品协同创新平台和实验室，实现了产业共性技术研发和推广应用。

·知识链接·

“东数西算”工程：指通过构建数据中心、云计算、大数据一体化的新型算力网络体系，将东部算力需求有序引导到西部，优化数据中心建设布局，促进东西部协同联动。2022年2月，在京津冀、长三角等地布局建设国家算力枢纽节点，并规划了10个国家数据中心集群。山西依托区位适中、气候冷凉、能源充足、电价优惠等方面的独特优势，正全力打造环首都数据存储经济带和中西部算力中心，积极承接东部地区算力外溢需求，为构建全国一体化大数据中心协同创新体系贡献力量。

培育发展人工智能产业。山西积极探索创新人工智能领域数据服务模式、资金支持方式，加强了基础算法、应用算法研究，提升算法分析能力的投入，推动建立完善相关法律制度。在交通物流、健康医疗、文化旅游、工业制造等领域建立专业数据集，形成基础数据能力。积极鼓励开展云计算和边缘计算应用、超算中心建设，提升算力支撑能力。积极培育建设人工智能基础数据、安全检测等创新平台。鼓励在高精度传感器、智能机器人、智能网联汽车、智能物流、智慧医疗、智能文旅、智能制造等领域开展人工智能融合应用，推动人工智能产业培育发展。

阳泉市智能物联网应用示范基地建设为阳泉转型崛起开辟了一条新路。图为百度5G云代驾控制舱。

四、提升产品制造能力

产业链集群是数字时代重要的生产关系，是区域内全球化水平分工的重要体现。山西要紧紧抓住产业链重构机遇，着重围绕国家战略推动新兴产业总体布局，发展相关产业链集群，打造山西经济高质量发展新的增长极。

支持通用计算设备产业一体化发展。山西着力加强对通用计算技术、产品应用的支持力度，加快推进科研攻关与技术应用示范基地建设，围绕整机应用，落实有关专项扶持政策，培育构建中央处理器(CPU)、操作系统、数据库、应用软件、显示器材、办公外设等为一体的产业链条，打造通用计算设备产业集群。

打造全国领先的半导体产业集群。半导体产业是山西聚力打造的14个战略性新兴产业之一。近年来，山西围绕5G、电力电子、LED等关键应用，重点支持太原碳化硅、氮化镓第三代半导体、红外探测芯片，忻州砷化镓第二代半导体，长治深紫外半导体等光电半导体产业发展，提升装备、材料、衬底、芯片、器件等核心关键技术和工艺水平，打造高纯半导体材料、衬底、外延、芯片、应用等全产业链产品体系，培育形成全国领先的半导体产业集群。山西综改示范区作为全省转型发展的主战场、主引擎，将半导体、新材料等作为打造千亿级电子信息产业的核心支撑，目前已集聚了山西烁科、中国电科二所、中电科风华、中科潞安、华微半导体等产业链头部企业，形成初具规模的半导体产业聚集区。

推进光电信息产业集聚发展。 山西以光学镜头、相机模组、光通讯连接器、机器人、锂离子电池等光机电融合产业为重点，加大自主创新和人才培养力度，大力提升智能制造水平，打造高端关键材料、智能工具、智能高端装备、光学核心元器件等产业链条，支持建设光机电产业集群。

第八章

领异标新优环境

——如何加快构建一流创新生态?

一顶由TG800碳纤维复合材料制作的雪车头盔，成为冬奥会上亮眼的山西名片；

一筐充满科技元素的马铃薯微型薯，“种”出农业农村现代化的美好前景；

一本防水可擦除可循环利用的课本，折射出绿色低碳的生活理念；

一件薄如蝉翼的气凝胶服装，是山西产业转型升级的生动写照。

一件件“宝物”在2022年全国“两会”上的亮相，展现了科技创新给生产生活带来的巨大变化。

创新是引领发展的第一动力，抓创新就是抓高质量发展。习近平总书记指出，现在我国经济社会发展和民生改善比过去任何时候都更加需要科学技术解决方案，都更加需要增强创新这个第一动力。山西高度重视创新生态建设，将创新摆在转型发展全局的核心位置，坚持“四个面向”，深入实施创新驱动、科教兴省、人才强省战略，以创新牵引质量变革、效率变革、动力变革，实现三次产业整体跃迁，为我国实现高水平科技自立自强作出山西贡献。

一、加大人才引育力度，打造特色人才中心

人才是创新之核、发展之要、强国之基。山西牢固树立“人才是第一资源”理念，在建设人才强省上持续发力，不断优化“引育留用”政策设计，三晋大地正呈现出“聚天下英才而用之，让更多千里马竞相奔腾”的喜人图景。

加强建设战略人才力量

习近平总书记强调，战略人才是支撑我国高水平科技自立自强的重要力量，要把建设战略人才力量作为重中之重来抓。2021年省委人才工作会议明确提出，山西要立足实际，让战略人才力量真正强起来。

培育集聚战略科学家。千军易得，一将难求。战略科学家是国家战略人才力量的“塔尖”，是在科研战场上指挥多兵种联合作战的“帅才”，能准确把握科学技术发展的未来方向，领衔完成国家重大科技任务。要抛出“橄榄枝”，围绕煤炭清洁高效利用、高端装备制造、新材料、大数据等领域引进战略科学家。要坚持长远眼光，有意识地发现和培养更多具有战略科学家潜质的高层次复合型人才，形成战略科学家成长梯队。

打造一流科技领军人才和创新团队。科技领军人才和高水平创新团队是国家战略人才力量的“塔身”。山西围绕科技和产业需求，通过“项目+人才”模式，采取“一事一议”“一人一策”的办法，精准引育急需紧缺科研创新领军人才及团队。启动“十四五”院士后备人选培养计划，精准给予科研经费、项目、团队、平台等全方位支持。要优化领军人才发现机制和项目团队遴选机制，对领军人才实行人才梯队配套、科研条件配套、管理机制配套的特殊政策。

加快建设青年科技人才队伍。青年科技人才是国家战略人才力量的“塔基”。自古英雄出少年，青年科技人才是科技创新的主力军，是未来科技队伍的中坚力量。要把青年科技人才的培养使用摆在科技创新特殊重要的位置，深入实施青年科技人才强基行动。2021年，在基础研究计划中，青年基金项目占到立项总数的58.7%，新设立的杰出青年、优秀青年培育项目资助金额实现翻倍。

努力培养卓越工程师队伍。卓越工程师是推动工程科技创新、实现人类文明进步的重要力量。推进科技创新，既需要顶天立地的高层次人才，又需要铺天盖地的工程科技人才。“十四五”期间，山西要实施卓越工程师高技能人才扩容行动，在实践中建设一支爱党报国、敬业奉献、具有突出技术创新能力、善于解决复杂工程问题的工程师队伍。

更高水平推进人才自主培养

山西转型发展需要久久为功、艰苦奋斗，需要源源不断的人才支撑，既要广纳天下英才，也要善于练好内功，走好人才自主培养之路，着力构建更为科学的人才培养体系，让山西本土人才充分涌现出来。

突出高校人才培养主阵地作用。继续实施高水平大学人才培养工程，高校特别是山西大学、太原理工大学等“双一流”建设高校要发挥培养基础研究人才主力军作用，进一步优化完善政策措施、工作机制和评价管理方式，培养造就更多满足高质量发展需要的人才队伍；要结合全省高校布局结构的调整优化，加强学科专业一体化建设，完善高校“产业学院—产业研究院—大学科技园”的人才培育机制，培养留得下、用得上的应用型人才队伍；要实施山西高水平高职学校和专业群建设计划，重点建设10个左右专业特色鲜明、行业优势突出、社会服务能力强的省级高水平高职学校和专业群，培养出一批高素质复合型技术技能型人才。

突出企业承载创新人才主体作用。实施千名民营企业家培养行动和创新型管理人才培育行动，打造高素质专业化创新型企业家队伍。实施新时代工匠培育行动，探索校企、校政、校校合作，推广企业和高校“双导师”育人模式。推行现代学徒制和招生招工一体化，注重培育中高端技能人才品牌。

全面深化省校合作

深化省校合作是山西立足自身实际、大手笔出台的人才新政。山西出台深化省校合作方案，旨在推动省校在人才培养、引进、使用等方面开展深度战略合作，促进人才共享、互利共赢。

走出去，揽四方菁华；引进来，留凤凰栖落。深化省校合作开展以来，省市县三级均成立省校合作领导小组和工作专班，组团到高校巡回推介、交流。山西在北京举办“人到山西好风光”人才宣传周北京大学、清华大学专场活动，开展“百名市县党政正职访名校”“千名企业家进校园”“千企联百校”“山西小吃进高校”等系列活动。通过多方联动、精准对接，“12大基地”蓬勃兴起，省校合作“虹吸效应”、人才“磁吸效应”愈加凸显。

栽好梧桐引来凤凰，人才培养、引进、使用基地建设成绩斐然。建设“大学生实习实训基地”，吸引8000余名省外学子来晋实习实训；建设“大学生联合培养基地”，收集有参加联合培养意向的学生1500余人；建设“大学生就业创业基地”，启动2022年选调生招录，名额扩大到1400名，并首次面向国（境）外院校招录；建设“高校干部人才培养基地”，从国内知名高校、科研院所引进高层次专业化领导人才担任省属本科院校副校（院）长，实施科技博士服务团项目，选派专业技术人

科研人员在中北大学省部共建动态测试技术国家重点实验室(筹)进行项目研究。

丰富的临汾农特产品通过省校合作不断“走出去”。

才到省级开发区、市县医疗卫生机构和科技部门服务锻炼；建设“红色教育和国情教育基地”，近4万名师生来晋开展研学研修。

聚天下英才而用之，科技创新基地建设硕果累累。建设“智库合作基地”，选聘智库专家作为决策咨询顾问；建设“高校科研平台延伸基地”，省内单位与高校共建科研平台100余个；建设“科技成果转化基地”，签约一批科技成果转化项目。

将“橄榄枝”抛向高校，招商引才、资源共享基地建设效果显著。建设“校友招商引才基地”，确定30个开发区为校友招商引才特色园区；建设“高校优质生源基地”，全省新签约优质生源基地76所，比省校合作启

·知识链接·

省校合作“12大基地”

1. 大学生实习实训基地：各级党政机关、企事业单位、开发区提供岗位，接收高校大学生在山西开展实习实训。

2.大学生就业创业基地：通过多种渠道，加大高校应届毕业生引进力度，加大对大学生创业资金、公共服务和平台等方面的扶持力度。

3. 大学生联合培养基地：与高校联合遴选有意愿到山西工作的学生进行联合培养，让学生把论文写在山西大地上。

4. 红色教育和国情教育基地：依托山西太行精神、吕梁精神等红色资源和“黄河、长城、太行”等地方特色资源，吸纳高校师生在山西开展红色教育和国情教育。

5. 高校干部人才培养基地：为高校干部人才提供挂职锻炼岗位。

6. 高校科研平台延伸基地：鼓励高校及其人才团队积极参与山西科技重大项目揭榜招标。

7. 高校科技成果转化基地：吸纳高校科技成果在山西开展转移转化。

8. 智库合作基地：聘请高校人才帮助开展决策咨询、规划设计等活动。

9. 高校优质生源基地：配合高校在山西选择一批优质高中作为高校优质生源基地。

10. 校友招商引才基地：充分发挥合作高校校友资源，组织开展招商引资、招才引智活动。

11. 高校农产品供应基地：遴选一批山西“特”“优”农产品，为高校师生提供订单式、承包式、体验式、定制式服务，邀请高校帮助山西乡村研究制定农产品质量标准。

12. 技能服务人才培养基地：依托山西特色劳务品牌，为高校提供高质量服务。

动前增加一倍；建设“高校农产品供应基地”，与30所高校达成合作意向，运城苹果、“沁州黄”小米等山西“特”“优”农产品进入高校；建设“技能服务人才培养基地”，全省重点打造适合高校的劳务品牌60个，年供应能力6万人左右。

通过深化省校合作，山西打通了与国内知名高校对接合作的大通道，搭建起培养、引进、用好人才的大舞台，为优秀人才提供了创新创业创造的大好机遇，为山西全方位推动高质量发展注入满满元气。今后，山西将进一步依托省校合作，建好“12大基地”供需对接平台，以更广胸怀和最大诚意，主动出击招人才、打破常规引人才、放眼海外聚人才，让八方人才全面聚起来。

二、推动创新平台建设，提高共享服务水平

创新平台是集聚高端创新要素的强磁场，是提升自主创新能力的压舱石。“十四五”期间需瞄准国家重大战略，聚焦山西高质量转型发展重大需求，着力打造一流科技创新平台，为打好关键核心技术攻坚战奠定坚实基础。

争创国家级创新平台

国家实验室体系是国家战略科技力量重要组成部分。目前，按照“十四五”规划，山西正在构建定位

清晰、布局合理、梯次衔接、开放共享、富有活力的实验室体系，以实现更多“从0到1”的突破，在打造国家战略科技力量中贡献山西力量、发出山西声音。实施国家实验室、大科学装置和国家E级超算中心突破行动，山西量子光学与光量子器件、杂粮种质创新与分子育种、煤炭绿色低碳清洁利用3个国家实验室正在谋划筹建，引力波探测大科学装置、能源互联网、高速飞车等重点项目启动实施，国家超算中心（太原）获科技部批准开始试运行。实施国家重点实验室“保5争5”行动，继续提升原有5个国家重点实验室的综合水平，新获批2

·知识链接·

高速飞车：即超高速低真空管道磁浮交通系统项目。高速飞车山西省实验室由中北大学和中国航天科工集团第三研究院联合共建。

山西省国家重点实验室名单

所属单位	实验室名称
中国科学院山西煤化所	煤转化国家重点实验室
山西大学	量子光学与光量子器件国家重点实验室
太原理工大学	省部共建煤基能源清洁高效利用国家重点实验室
晋能控股集团	煤与煤层气共采国家重点实验室
中国宝武太原钢铁集团	先进不锈钢材料国家重点实验室
太原重型机械集团	矿山采掘装备及智能制造国家重点实验室
中北大学	省部共建动态测试技术国家重点实验室

家省部共建国家重点实验室，继续在有机旱作农业、智慧交通等领域发力，力争在“十四五”期间，总共建成10个国家重点实验室。积极推进“电磁环境效应‘一带一路’联合实验室”、怀柔实验室山西基地和国家第三代半导体技术创新中心（山西）建设。

优化整合省级实验室体系

山西省级重点实验室分为省实验室和省重点实验室。省实验室是聚焦新兴前沿交叉领域和特色优势领域，开展基础研究、应用基础研究、前沿技术研究，汇聚全球高端创新人才的重要载体，是支撑转型发展的原始创新源泉和建设山西科技创新体系的高水平引领阵地，是国家实验室“预备队”，主要任务就是面向山西重大战略需求，面向重大科学问题和全省高质量转型发展，聚焦“卡脖子”领域，集中突破关键核心技术难题。截至2021年底，围绕14个战略性新兴产业，新立项筹建第一实验室、山西省黄河实验室等10个省实验室。省重点实验室是山西科技创新的主力军，在服务全省高质量发展中发挥着积极作用。“十四五”期间，山西计划重组山西省重点实验室体系，对传统科研机构用三年时间全部改为富有创新活力的新型研发机构。截至2021

年底，按照“四个一批”总体思路，依据“去僵尸、调结构，攥拳头、增合力，上水平、出结果”原则，新立项筹建37个省重点实验室，总计达到118个。

完善开放共享服务平台

为进一步推动高校、科研院所共享共用科研资源，2022年山西出台《关于建立健全高校科研设施与仪器开放共享机制的实施意见》，明确要求将全省高校由财政资金和国有资本出资购置、建设的大型科学装置、科学仪器中心、科学仪器服务单元和单台(套)价值在20万元及以上的科学仪器设备，都要登记进入山西省科研资源开放共享网络管理服务平台，纳入共享范围。实施建立科研设备开放共享制度、建设开放共享信息服务平台、落实科研设备及时入网制度、建立共享实时动态监管机制、完善科研设备运行维护机制、完善设备新购查重评议机制、建立开放共享收益分配机制、建立开放共享考核评价机制、建立开放共享奖惩激励机制、完善开放共享专业服务机制等10项重点措施。

三、激发科技创新活力，推动科技成果转化

科技领域是最需要不断改革的领域。近年来，山西科技体制改革全面发力、多点突破、持续向纵深推进，通过破除体制性障碍、打通机制性梗阻、推出政策性创新，强化基础研究、完善科技计划管理、加快科技成果转化等科技体制改革的组合拳释放出科技创新的强大活力。

改革完善省级财政科研经费管理制度

为进一步激励科研人员多出成果、快出成果，2022年3月，山西出台《关于改革完善省级财政科研经费管理的实施意见》，其从扩大科研经费管理自主权到加大科研人员激励力度，从减少“填表”“贴票”到为科研人员减负放权作出规定，有效激发了人才活力，点燃了创新激情。6月，山西省科技创新大会在太原召开，强调要深刻认识创新在现代化建设全局中的核心地位，加大重点领域关键环节科技创新力度，更好发挥对全方位推动高质量发展的支撑引领作用。要深刻把握“四个面向”重大要求，紧密结合山西实际，从科技创新的单点优势出发，逐步培育链条优势，最终形成系统优势；从科技创新的后发优势出发，逐步培育比较优势，最终形成竞

争优势；从科技创新的应用需求优势出发，逐步培育集成优势，最终形成研发优势。围绕产业链部署创新链，在广泛领域善于“跟着走”，在前沿领域敏于“抢着走”，在优势领域敢于“领着走”。

扩大科研项目经费管理自主权。山西启动实施基础研究科研经费“包干制”，对自2022年起批准资助的山西基础研究计划杰出青年培育、优秀青年培育、青年科学研究、自然科学研究等四类项目，试点项目经费使用“包干制”，赋予试点单位项目负责人更大自主权，激发科研团队的创新创造活力。

·知识链接·

包干制：由科技项目负责人具体进行经费使用管理，但是所有支出项目必须符合项目委托方的规定和机构的财务管理规定。

加大科研人员激励力度。山西在国家重点实验室、省实验室、省属转制院所等领域，率先开展稳定支持科研经费提取奖励经费试点工作，试点单位可以从稳定支持科研经费中，提取不超过20%作为奖励经费，激发科研人员创新活力。奖励经费的使用范围和标准由试点单位自主决定。高校、科研院所和国有企业对持有的科技成果，可以自主决定转让、许可或者作价投资。科技成果转化收益具体分配方式和比例在充分听取本单位科研人员意见基础上进行约定。用于激励科技成果转化奖励和报酬的部分不低于70%；剩余部分留归项目承担单位用于科技研发与成果转化等相关工作，可提取部分用于项目承担单位科研管理、财务等科技成果转化辅助工作人员的绩效奖励。

减轻科研人员事务负担。为了让科研人员轻装上阵，将统一科研项目信息公开发布平台，减少项目信息重复填报。逐步实现省级科技计划项目无纸化申报，将省级各类科技计划项目申报表格进一步整合优化，实现“一表多用、一表多能”。改进财务报销管理方式，推进科研经费无纸化报销试点。

改进重大科技项目立项和管理方式

·知识链接·

“3+1”模式：“3”指科技基础研究、重点研发和科技重大专项三大计划；“1”指科技创新生态服务支撑1个专项，这个专项包括平台基地建设、科技成果转化、科技战略研究、科技合作交流、创新人才团队、创新服务、科技奖补、科技金融、科普宣传等9个子专项。

科技计划项目是科技创新的重要抓手。出台《山西省科技计划项目管理办法》，将计划项目体系设置为“3+1”模式，总体构成产学研贯通，基础研究、应用研究、技术攻关、成果转化一体化设计的新的省级科技计划项目体系。建立健全需求众筹+全面揭榜+科学评审+里程碑管理+绩效评价管理链条，形成政府部门、承担单位、专业机构三位一体科研管理体系。落实好“揭榜挂帅制”、“赛马制”、定向委托等组织模式，推行项目管理里程碑制、结题验收备案制，赋予科研人员更大技术路线决定权、资源调度权。实施科技项目服务首问负责制，聘任科技项目专员，对科技项目全流程、各关键环节进行管理指导和服务，独立开展监督和信息反馈。

·知识链接·

揭榜挂帅制：对经济社会和产业发展需求的关键共性技术难题，由企业提出攻关技术需求，经政府张榜面向社会征集研发团队或解决方案，把项目交给真正想干事、能干事、干成事的人，让有能力的领军人才“揭榜”，出征“挂帅”。

赛马制：在重大科技项目部署中，针对同一个任务，经专家论证后有两个以上牵头单位获得立项的，先进行平行立项，后重点聚焦、优中选优的项目组织管理模式。

里程碑制：科技部等六部门印发的《关于扩大高校和科研院所科研相关自主权的若干意见》提出，“项目实施期间实行‘里程碑’式管理，减少各类过程性评估、检查、抽查、审计等”，整合科技管理各项工作和材料报送环节，实现一表多用，切实减轻科研人员负担。

结题验收备案制：省科技厅等七部门印发的《关于进一步扩大高校和科研院所科研相关自主权的实施意见》提出，“在省应用基础研究计划中选择部分项目集中、管理规范、设有内部审计机构的高校和科研院所，试行结题验收备案制，试点单位按照规定向项目管理单位报送验收情况综合报告并提交备案资料”，进一步赋予科研单位和科研人员更大自主权，调动科研人员积极性，激发创新活力。

深化科技评价激励制度改革

优秀的科技成果和科技人才就像“千里马”，需要“伯乐”来“相”——用科学的评价体系将其识别出来，以堪大用。

完善科技成果评价办法。2022年2月，山西出台《关于完善科技成果评价机制的实施意见》，回答了如何着力解决好科技成果评价“评什么”“谁来评”“怎么评”“怎么用”的关键问题，有助于促进创新链、产业链、价值链深度融合，推动科技创新能力明显提升。在“评什么”上，要针对基础研究、应用研究、技术开发和产业化、科技战略研究等不同种类科技成果做好科学分类评价，构建科技成果评价分类指标体系，分类制定成果评价指标。在“谁来评”上，建立多元主体共同参与的评价体系，汇聚政府、社会组织、企业、投融资机构等多方面的评价主体，协调各类评价主体共同参与科技成果评价工作。在“怎么评”上，要遵循科技创新规律，坚持质量、绩效、贡献为核心的评价导向，打破科技成果评价“四唯”束缚，根据科技成果不同特点和评价目的，逐条细化评价标准和重点，有针对性地评价科技成果的价值。在“怎么用”上，完善科学技术奖励体系，坚持山西科学技术奖的荣誉性、激励性，重点围绕山西和全国重大战略需求、经济社会发展需要，突出成果价值，重在奖励作出重要贡献的科学家和一线科技人员。山西持续深化科技奖励制度改革，奖励总额度大幅提升。

完善人才评价体系。人才评价是发现人才的重要方式，是激励人才干事创业的重要导向。近年来，山西不断创新人才评价机制，建立健全以创新价值、能力、贡献为导向的科技人才评价体系，形成并实施有利于科技人才潜心研究和创新的评价制度，不断激发科技人才创业创造活力，“基于超冷费米气体的量子调控”“煤矸石煤泥清洁高效利用关键技术及应用”等10个项目获国家科学技术奖。破除“四唯”倾向，强化结果

·特别关注·

山西10个项目荣获国家科学技术奖

2021年11月3日，国家科学技术奖励大会在北京召开。山西10项科研成果荣获2020年度国家科学技术奖。

主持完成2项：

◎“基于超冷费米气体的量子调控”项目获国家自然科学二等奖

◎“煤矸石煤泥清洁高效利用关键技术及应用”项目获国家科技进步二等奖

参与完成8项：

◎“典型农林废弃物快速热解创制腐殖酸环境材料及其应用”项目获国家技术发明二等奖

◎“400万吨/年煤间接液化成套技术创新开发及产业化”项目获国家科技进步一等奖

◎“工业烟气多污染物协同深度治理技术及应用”项目获国家科技进步一等奖

◎“钢材热轧过程氧化行为控制技术开发及应用”项目获国家科技进步二等奖

◎“高压富水长大铁路隧道修建关键技术及工程应用”项目获国家科技进步二等奖

◎“重大工程黄土灾害机理、感知识别及防控关键技术”项目获国家科技进步二等奖

◎“北方旱地农田抗旱适水种植技术及应用”项目获国家科技进步二等奖

◎“复杂地质条件储层煤层气高效开发关键技术及其应用”项目获国家科技进步二等奖

导向，建立成果奖励、项目奖励、特殊津贴相结合的优秀人才支持激励体系。健全充分体现知识、技术等创新要素价值的收益分配机制，完善科研人员职务发明成果权益分享机制，探索年薪制、项目工资、股权等分配方式，打好激励组合拳。创新评审式、目录式、举荐式、合作式等引进方式，赋予用人单位更大的评价自主权。

加速推进科技成果转化应用

科技创新成果只有走出实验室、走上生产线，才能发挥更大价值。科技成果从创意、研发到融资、孵化，再到最后实现产业化，是一个环环相扣、相互依存的生态系统，只有各类创新因素融合互动，才能汇聚起全方位推动高质量发展的强大新动能。

持续推进关键核心技术攻关。三次产业要实现同步创新转型，需要更多关键核心技术。山西以“揭榜挂帅”方式组织优势力量开展精准攻关，实现从基础前沿、重大关键共性技术到应用示范、成果转化全链条创新设计、一体化组织实施。2021年，山西聚焦国家重大战略和全方位高质量发展需求，面向生产一线、科技前沿，在信创、大数据、半导体等14个重点产业和量子科

半导体产业园是忻州经济发展的重要增长极和转型升级的强大引擎。

技、空天科技等未来产业上凝练出29个一流课题面向国内外集中发布，到2022年初，其中27个一流课题成功揭榜。今后，山西将继续精准对接碳达峰碳中和、能源革命、数字经济、先进制造业等，持续突破一批关键核心技术，推动山西传统产业改造提升和新兴产业培育壮大。

积极推进知识产权强省建设。山西高度重视知识产权工作，将知识产权强省建设摆在全方位推动高质量发展的重要位置，推进知识产权工作以前所未有的昂扬态势，行进在风光无限的快车道上。一是提升知识产权保

·特别关注·

知识产权转变为真金白银

山西迪迈沃科光电工业有限公司是山西首家专注于机器视觉智能化技术高端应用的先进装备制造企业，目前已取得自主知识产权60余项。2021年6月25日，该公司成功获得300万元流动资金贷款，并成为山西首家知识产权金融服务试点单位。获得融资支持后，该公司相继获得太原市政府企业经营类专利导航项目奖励和知识产权管理规范贯标认证项目奖励，并第三次成功通过了国家级高新技术企业认定。

护和管理服务水平。2021年7月1日，《山西省知识产权保护工作条例》正式施行，山西知识产权保护工作迈上了法治建设新台阶。2021年9月24日，面向全省服务的中国(山西)知识产权保护中心正式运行。为提升知识产权保护效率和水平，先后与中部六省、沿黄九省签订了知识产权保护合作协议书；在太原综改示范区建立全省首个知识产权保护示范基地；在全省建立起省、市、县三级维权工作体系。建成知识产权服务业集聚区，目前已入驻多个公共服务机构和28家社会化服务机构，为创新主体提供了“一站式”知识产权服务。山西省知识产权信息公共服务中心正式运行。建成3个国家级知识产权信息服务中心和1个网点，推动公共服务辐射更多行业和区域。二是完善知识产权转化运用机制。为加快专利转化步伐，2021年开始实施专项计划，推出了扩大数据开放、提供绿色通道、给予资金奖补等支持政策，助力中小企业创新发展。培育地理标志证明商标、地理标志保护产品。截至2021年底，山西地理标志用标企业109家，“怀仁陶瓷”2021年成为国家地理标志保护产品，“吉县苹果”“万荣苹果”入选国家地理标志产品保护示范区建设筹建名单。三是推进知识产权强省建设。2022年4月11日，省委常委会审议通过《知识产权强省建设纲要》，提出要着力打通知识产权创造、运用、保护、管理和服务的全链条，不断提升全省知识产权综合竞争力，更好发挥知识产权制度激励创新的基本保障作用。

完善科技成果转化服务体系。积极推广应用首台套、首批次、首版次产品。积极打造科技成果转化平台载体，制定《关于建设高校科技成果转化基地的实施方案》，签约项目105个。加强科技金融服务，举办山西省科技金融专场对接活动，有效满足科技创新融资需求。健全职务科技成果产权制度，试点赋予科研人员职务科技成果所有权或长期使用权。开展山西省科技成果转化示范基地和示范企业建设。2021年，山西转型综合改革示范区晋中开发区、长治高新技术产业开发区等2家单位被认定为山西省科技成果转化示范基地，中车太原机车车辆有限公司等26家企业被认定为山西省科技成果转化示范企业。

四、强化企业创新主体，培育一流创新企业

企业一端连着需求，一端连着供应，是科技创新的主体，是推动创新创造的生力军，处在创新活动的C位。

完善技术创新体系

构建以企业为主体、市场为导向、产学研深度融合的技术创新体系，就是要形成创新目标由企业确定、创新投入以企业为主体、创新过程由企业组织、创新成果转化由企业主导的创新生态系统。要以企业为主体形成从创新需求提出到成果实现的完整流程和流畅机制，缩短科技创新到产业应用的链条；要发挥企业在重点产品科研攻关中产学研各方的组织协调作用和在成果转化中的技术承接应用作用，实现从“科技”到“产业”的深度融合。

培育优质创新主体

实施规上工业企业研发提升工程。巩固提升规上工业企业研发活动全覆盖，狠抓企业研发机构建设，鼓

励大企业加快创建企业技术中心、技术创新中心、产业技术创新联盟等高水平创新平台，开展关键共性技术和“卡脖子”技术攻关，引导中小企业与高校、科研院所、大企业配套协作，组建新型研发机构。鼓励领军企业牵头组建创新联合体，推动省内高校与企业合作建立产业研究院。

·特别关注·

山西智创城

智创城，是通过引入国内一流双创运营团队，立足服务山西高质量转型发展，聚焦智慧、智能、智力，有效集聚国内外创新资源，以“山西智创城”品牌冠名建设的双创支撑平台。山西智创城正在成为具有一定国内影响力和富有山西特色的双创品牌，截至目前，全省累计布局建成山西智创城11个，且各有特色、协同发展，已形成了“科创飞地”“带土移植”“研发+生产”等各具特色的发展模式，促进了创新链和产业链相互连接，有助于构建“创业苗圃+孵化器+加速器+产业园”的双创全链条培育体系，提供“空间+孵化+基金+服务+生态”的全要素双创服务。

实施科技型企业提质倍增工程。滚动实施高新技术企业“倍增计划”，进一步完善高新技术企业认定管理机制，通过优化创新环境、建立培育库、完善培训机制等方式，加强高新技术企业培育储备，改革高新技术企业奖补政策，将奖励与研发投入挂钩，分层次激励引导企业持续增强研发活动。加快实施科技型中小企业倍增行动计划，利用智创城、众创空间、孵化器等创新载体，推动科技型中小企业梯次快速成长，培育一批“专精特新”企业、瞪羚企业和独角兽企业，成长起更多

“小巨人”和“单项冠军”。到2025年，力争高新技术企业达到5000家、科技型中小企业达到10000家。

促进创新要素向企业集聚

要引导创新要素进一步向企业集中，综合运用供给侧、需求侧以及环境侧各类政策工具，构建完善的支持企业创新的政策体系，根据企业阶段需求和能力差异等，有的放矢，形成政策合力。要加大激励企业创新的税收优惠政策力度，给予企业创新大规模资金支持，持续落实好制造业企业研发费用加计扣除比例由75%提升至100%税收优惠政策。要发挥财政资金导向作用，引导企业和社会资本加大研发投入，持续提高R&D投入强度，5年实现R&D经费投入倍增。要推动人才加快向企业流动，鼓励支持科技人员到企业兼职开展科技创新活动，鼓励企业推行市场化薪酬制度改革，对企业引进高层次人才给予薪酬和中介佣金补助等。要推动企业加强知识产权管理标准化体系建设，支持企业建立健全知识产权资产管理制度。

后　记

习近平总书记指出，要不断推出群众喜闻乐见、贴近大众生活的形式多样的理论宣传作品，让理论为亿万人民所了解所接受，画出最大的思想同心圆。讲人民群众听得懂、听得进的话语，让党的创新理论“飞入寻常百姓家”。

凡贵通者，贵其能用之也。省委宣传部组织编撰《山西全方位推动高质量发展面对面》通俗理论读物系列丛书，是学习贯彻习近平总书记考察调研山西重要指示精神，推动党的创新理论普及化、大众化，帮助广大干部群众深入领会省委“全方位推动高质量发展”目标要求、准确把握我省“六个领域”“三个体系”工作矩阵的重要举措。

丛书编撰工作得到省委书记林武同志的关心支持，并列入2022年全省宣传思想工作要点，作为宣传思想工作矩阵的重要内容。省委宣传部组织我省理论功底深、政策水平高、文字能力强的党政干部及专家学者，组成撰稿团队，全力以赴、倾情付出。各市委宣传部积极响应、认真落实。山西日报社、山西广播电视台等单位为丛书编写提供相关资料。山西人民出版社尽锐出战、集中攻关。各单位各部门密切配合、通力协作，展现了宣传思想文化战线在全方位推动高质量发展中的使命担当。

丛书于2021年12月开始策划，撰稿团队持续跟进学习最新政策、及时关注研究鲜活实践，提纲几经修改、书稿反复打磨，九易其稿、精益求精。其间，克服疫情影响，分头撰写和集体统稿相结合、视频会议和集中研讨相结合，保证撰稿任务按计划高质量推进。基本成稿后，还邀请省委统战部、省委政研室、省直工委、省生态环境厅、省委党校、省社科院、省社科联等单位领导干部和专家学者对丛书进行审读，提出修改意见。经过不懈努力、日夜奋战，6册书稿于2022年7月1日、党的101周年华诞基本定稿。其后，经进一步修改完善，得以顺利付梓。

我们对省委“全方位推动高质量发展”目标要求和工作矩阵的学习贯彻还在不断深化中，有些论述还未能在丛书中深入展开。全省广大干部群众全方位推动高质量发展的壮阔实践还在不断推进中，丛书选取的资料也还不够全面。这些不足之处，敬请广大读者批评指正。我们将在今后的通俗理论读物编写工作中继续探索，不断提高。

丛书编委会

2022年7月